JN109911

ライブラリ 読んでわかる心理学 **14**

読んでわかる 家族心理学

相谷　登・中村　薫・築地典絵 共著

サイエンス社

監修のことば

　本ライブラリは，心理学を初めて学ぼうとする方に，自学自習によって心理学がわかるテキストを提供することを目指しています。

　心の科学である心理学は，幅広いテーマの内容を多彩な研究方法を使って解明することで，日進月歩をきわめています。その結果，心理学に興味をもち始め，自学自習に取り組もうとする方にとって，心理学の各テーマを一通り学習しようと挑戦しても，その内容を理解することは難しいものとなってきました。

　このような現状のもと，「ライブラリ　読んでわかる心理学」は，多岐にわたる心理学のテーマに対応して用意された各巻を，それぞれ主体的に自学自習することによって，その内容を効果的に理解できるように編まれました。関心をもった巻から自習することで，心理学の基礎概念の意味やことがらの理解を深めることができます。また，興味をもって学習できるように，章の概要をはじめにまとめ，読みやすい日本語で記述するよう心がけました。さらに，学習成果を深められるように，章末には参照できる文献を紹介し，学習した内容を確認するための復習問題を掲載しています。

　大学や短大の授業で心理学を学ぶ学生のみなさん，自宅でテキストを用いて心理学を学ぶ通信教育部の学生のみなさん，さらに公認心理師，認定心理士，臨床心理士，心理学検定といったさまざまな資格・試験をめざすみなさんが，本ライブラリを自学自習の教材として積極的に役立てられることを願っています。

監修者　多鹿秀継

まえがき

　家族心理学とは，誰もが有する家族という集団における個々のメンバーの心に関する動きはもとより，個々のメンバーの関係性，さらには家族全体が直面する種々の問題事象を心理学の観点から精査していく学問です。扱う対象が家族といった身近なものですから，初学者であっても興味関心は持ちやすいものといえます。

　家族心理学が学問として体系化された歴史は比較的浅く，わが国では 1980 年代後半になってようやく世の中に知られるようになりました。それだけに，家族心理学は若々しい学問であり，発達心理学や臨床心理学はもとより社会心理学などといった幅広い心理学全般の知識を動員しています。同時に，心理学の世界のみに限らず，社会学や社会福祉学，教育学，さらには精神医学といった他の領域の知識や所産も活用されます。家族心理学とは心理学の枠組みをもはや越えてしまった学問だともいえるでしょう。

　ところで，現代社会は日々多くの家族の問題や危機的場面に直面しています。これらへの対応を誤ってしまうと，家族は本来持つべき機能を喪失してしまい，かつての幸せだった日々を取り戻すことができなくなってしまうかもしれません。家族がそのような不幸な道筋をたどらないように，個々の家族メンバーが心身の健康状態を維持し，福祉的側面からも家族全体としての機能を上げていく必要があるともいえます。

　本書は，ライブラリ名の通りに，読めば「家族心理学」のおおよそがわかるように構成されています。親子関係やきょうだい，祖父母等の家族に関する心理学に興味関心のある人に気軽に読んでいただければと考え，専門的な理論や最新の研究動向は必要最小限にとどめ，むしろ現代社会において注目されている家族をめぐる諸問題や，家族の危機に関する事象を多く取り入れるようにしました。第 1 章から第 5 章までは，家族関係を考える上で必要な基本的な概念や発達的な観点について取り上げています。第 6 章から第 9 章では，少子化や核家族，児童虐待をはじめドメスティック・バイオレンスの問題，そして離婚

とそれに伴う子どもへの影響など，社会との関わりの観点も含め，多角的にとらえるようにしました。第10章と第11章では，臨床的な観点から，問題や困難を抱える家族に対する処遇・支援について取り上げています。また第12，13章においては，超高齢社会を迎えたわが国で近年起こっている問題とともに，今後想定される問題についても取り上げています。さらには，最終章において，家族の問題が顕在化した場合に，相談に応じてくれる各種機関や家族に関する事象を扱う公的機関についても簡単に説明をしました。

　以上のように，本書は，「家族心理学」の学習に役立つことはもとより，身近に起こった家庭の問題に対してどのような解決を目指すのかを示唆する内容としています。本書を通じた学習が，あなた自身の家族について今一度見つめなおす契機となれば幸いです。

著 者 一 同

目　次

第8章　家族関係はどのように崩壊するのか　　99

第9章　家族関係を理解する視点・理論にはどのようなものがあるか　　115

第10章　家族関係はどのように査定するのか　　129

第14章　家族関係を扱う専門的機関には
　　　　どのようなものがあるか　177

第**1**章
家族心理学とは何か

精神医学や臨床心理学では，個々の患者や相談者に対して，医師や心理士が個別に対応する個人療法が重視されています。一方，家族心理学は，夫婦関係や母子関係，さらにはきょうだいなどといった複数の人たちの関係性の観点に立ち，家族を心理学的見地から見ていく学問です。ここではその誕生に至った流れを概観するとともに，家族心理学と関連する研究・学問領域についても見ていきます。

1.1　はじめに

　核家族化をはじめ児童虐待やドメスティック・バイオレンス，さらには高齢化や介護問題など，家族にまつわる言葉を耳にしない日はほとんどありません。本人が知らないということはあっても，基本的には人間には必ず両親がおり，両親の存在なしに人間は誕生しません。このように，人間に課せられた役目の一つには生物学的な種の保存があり，そこには両親が存在します。この世に誕生した人間は，誕生と同時に親から多くのことを学び，やがてこの学びを基礎として社会で大きな役割を果たすことになります。この学びは，親のみならずきょうだいからの影響も受け，社会生活にかけがえのないものを創生します。多くの学びの場が家庭であり家族なのです。

　人間は自然界の中では必ずしも頑強な生物ではなく，生まれてから相当長い期間は誰かに守られていないと生きてはいけません。親は無償の愛のもと，子どもの世話を長い年月にわたって惜しげもなく行います。まだ幼くか弱い人間は子どもと称され，独り立ちできるまでの相当長期間にわたって親に守られ，目には見えない多くの愛情が注がれていきます。親のみならず，親の子育てを援助するのがきょうだいや祖父母といった家族であり，子どもを取り巻く家族

は欠くことのできない存在であり，その影響力は計り知れないものがあります。ただ残念なことに，この影響力は必ずしもプラスの面のみを子どもにもたらすとは限りません。家族が持つエネルギーは想像を超えた大きさを有しており，時には取返しのつかないマイナスのエネルギーを生み出すこともあります。近年，家族が有する負のエネルギーが世間を騒がせており，家族の機能やあるべき姿が問われ注目されるようになってきました。

　悩みや心配事を抱えている患者やクライエントを主な対象とする臨床心理学や精神医学においては，1930 年代にフロイト（Freud, 1933）が心の治療に関する構造を提唱したように，個人療法が絶対的に優先されるものとされています。個人療法の大切さは，臨床心理学が産声を上げて以来，現在もこれから先も基本的には変わることはないでしょう。個人の苦悩や悩みというものは千差万別です。ある人にとっては生きていくことさえ耐え難い心配事や悩み事もありますが，別の人には特段気にならなかったり何ら問題にされないこともあります。それだけに，悩み苦しむ患者やクライエントによっては気恥ずかしさを感じ，時には自分自身を苦境に追い込んでしまうこともあるため，心理治療家は誠実に対峙する必要があります。だからこそ，個人療法という特別な関係性が担保されなければならないのです。心理治療家がとるべき姿勢は，未来永劫においても変わることはなく，それだけに精神医学や臨床心理学がもっとも大切にしている基本ともいえます。

　発達心理学においては，個人への関心から母子関係といった二者関係への注目が，20 世紀中頃以降からなされるようになりました。とりわけ，ボウルビィ（Bowlby, 1969）が愛着形成という考え方を提唱してから，母子間の関係性と子どもへの影響は心理学の中でも重要な位置を占めるようになっています。ただ，父親の存在やその役割，さらにはきょうだいとの関係についての論議が活発になされるようになったのは最近のことです。父親の子どもに対する影響や存在の有益性は，今では母親と同様に重視されるようになりました。しかしながら，母親と父親という両親や夫婦としての関係性が子どもに与える影響や問題について，発達心理学の研究で取り上げられることは今もほとんどありません。家族関係について，母親や父親，さらには兄や弟，姉や妹といった個人間

同士の関係性が注目されても，家族全体や1つの集合体として家族を研究の対象としたり，家族そのものが論議の中心となるようなことは，1980年頃まではほとんどありませんでした。

　なぜ，家族の関係性や家族全体が問題として論議されたり，研究の対象となり得なかったかについてですが，わが国においては見逃すことのできない理由があります。それは，心理治療家はもとより子どもを預かる学校の先生も，子どもたちの家族の中で起こっている問題には介入することを躊躇してきた歴史があり，未だにその姿勢は完全には消えていないことです。この背景ですが，わが国においては「法は家庭には入らず」という考え方が長年にわたって根強くあります。たとえば，妻は夫が稼いできた給料をやりくりして，いわゆる「へそくり」と称される秘密の隠し財産を形成しても，窃盗や横領といった刑法に抵触して罰せられることはありません。また，子どものお年玉を親が子どもの学費や食費として消費しても，警察に捕まるようなことはありません。さらには，親が子どもに対して，しつけや体罰と称して暴力を振るっても，子どもが大怪我でもしない限り，警察沙汰となることはこれまでほとんどなかったのです。このように，わが国の警察をはじめとする司法機関や制度は，家庭内で生じた問題には関与することを避けてきた経緯があります。すなわち，個人が家族という集団以外で起こした犯罪行為をはじめとする問題事象を，司法機関が積極的に検挙や裁判という形で介入しても，その問題行動がその人自身が所属する家族に対して向けられたり，家庭内のみで生じた事案に関しては「法は家庭には入らず」との考え方をもとにして，警察や公的機関はほとんど関与してこなかったのです。その結果，家族や家庭という集団における問題事象が他人の目にさらされることはなく，その影響もあって家族自体が心理学の研究対象ともなり得なかったのです。ですから，たとえその問題の背景に家族関係が起因していることが予想されても，研究対象はもとより心理治療の対象ともなり得ないという歴史があり，わが国をはじめ諸外国でも同じような考え方と風潮が根強く存在してきたのでした。しかしながら，家庭内にくすぶっていた問題は次第に社会へも影響を及ぼし始め，家族を正面からとらえて問題の解決を図らなくてはならないという考え方が，20世紀も終わりかけた頃にようや

く議論され始めたのでした。

1.2 家族心理学の始まり

　精神医学や臨床心理学で基本とされている個人療法ではなく，家族という 1
つの集団としてのとらえ方を心理学の世界に持ち込んだのは，家族に注目した
一部の精神医学や心理治療に携わる人たちでした。これはやがて家族療法と称
され，家族心理学の基礎を作っていくことになります。家族という 1 つの集団
としての考え方は，その後いろんな分野でも取り入れられるようになっていき
ます。

　ところで，人間にはさまざまな欲求があります。生きていくためには食物を
必要としますし，睡眠もとらねばなりません。このような生命維持のための欲
求が人間には存在しており，これらは生理的欲求といわれています。人間の欲
求に関する研究で有名なマズロー（Maslow, 1970）は，図 1.1 に示すように，
欲求の 5 段階説を提唱しました。人間は生命維持のために欠かすことのできな
い「生理的欲求」が満たされると，次には危険にさらされることなく平穏な環
境で暮らしていく「安全の欲求」を求めるようになります。この安全の欲求が
満たされると，続いて社会との接点を求めようとして「所属と愛の欲求」が芽

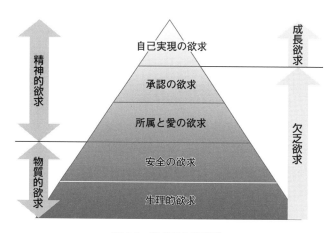

図 1.1　欲求の 5 段階説

生えるとマズローは指摘しました。この「所属と愛の欲求」の原点は人間が生を受けたときから存在している家族であり，両親やきょうだいから享受する愛情なのです。子ども個人の成長や発達に関する研究は，発達心理学を中心に展開されてきましたが，次第に母子関係の重要性が注目されるようになりました。また，父子関係についても研究が行われるようになります。このように，子どもには，特別な場合を除いて通常は2人の親が存在します。母子関係や父子関係といった二者関係から父母を一体とした夫婦としての親と子どもの三者関係など，子どもという個人を対象とした研究から親子関係といった関係性の研究，さらにはきょうだいや祖父母を含めた家族全体に位置する子どもの発達や成長が見逃せなくなったのです。人間の発達や成長を考える場合，家族という集団は個人という人間には欠かすことのできないものとしてとらえられるようになり，このことが家族心理学の誕生へと結びついたのです。人間は家族から多くのものを学びます。とりわけ対人関係の学びは重要です。母子関係をはじめ父子関係，両親と子どもの三者関係，さらにきょうだいが誕生すると家族という集団はますます広がっていきます。このように，人間の成長は家族と共にあり，そこで対人関係の基礎を学ぶのです。心理学の目的の一つに個人としての人間の理解がありますが，1人の人間をより詳細に理解するためには，その人が家族からどのような影響を受けたのかを知ることができれば，より一層深い理解に結びつけることができます。人間を理解するためには，家族の関係性からの理解を欠かすことができないようになり，家族における個人の理解としての観点からも家族心理学が誕生したのです。

1.3 家族心理学の特色

　家族心理学は，個人が所属する家族を対象に心理学的なアプローチを試み，個人の理解と同時に，家族に所属する個人間の関係性や家族全体を科学的に分析していく学問です。個人と家族それぞれとの関係性においては，社会心理学から誕生したグループ・ダイナミックスの研究成果が必要となります。また，子どもの成長や発達を理解するためには，時間経過とともに個人に焦点を当て

た発達心理学の研究成果や研究方法が欠かせません。悩み事や心配事のある人を援助したり治療していくには，精神医学や臨床心理学の知見も必要となります。また，児童虐待で不幸にも重篤な結果を招いた場合，犯罪心理学も登場するでしょう。このように，家族心理学は心理学の中でも応用心理学といわれ，あらゆる心理学や関係諸科学と密接な関係に位置し，家族心理学だけが独自に存在することは考えられません。心理学はもとより社会学や福祉学などあらゆる学問や研究視座とも密接な関係性を有しています（図 1.2）。これから，家族心理学を学ぼうと思う人は，心理学の領域でも人格心理学や認知心理学といった基礎心理学と称される心理学はもとより社会学や福祉学，さらには教育学などといったあらゆる学問にも興味関心を持ち，できるだけ多くの分野における基礎的な知識を備えていることが望ましいといえるでしょう。

　ところで，すぐにでも心理治療としての家族療法を学びたいと思う人もいる

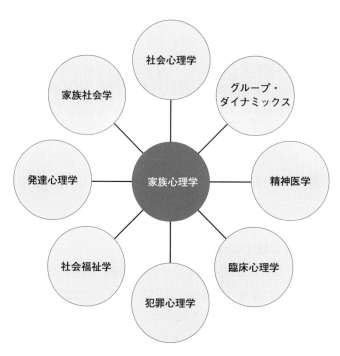

図 1.2　**家族心理学と隣接領域**

でしょう。しかしながら，個人療法を基本とする臨床心理学の学びなしに家族療法を習得することは無理だと言わざるを得ません。家族心理学を背景とした家族の関係性に関する学びをせずに家族療法は理解できないのです。家族療法と称される心理治療の一つは，時には複数の家族メンバーを対象とする場合もあります。ただし，1人の心理治療家が複数の相手を同時または並列的に面接するということはさほど多くはなく，大半の場合は複数の心理治療家がチームを組んで密接な情報交換を行いながら進めていきます。たった1人のクライエントと対峙するだけでもたいへんな労力と技術を要することは，心理学に興味関心のある人ならばわかることだと思います。個人を対象とした心理治療を会得しない心理臨床家が複数のクライエントを相手にすることが無理なことは言うまでもないことでしょう。このように，家族心理学とは応用心理学と称されるものの一つであり，そこにはできるだけ多くの関連する心理学や隣接領域の学問的知識が必要とされるのです。

　家族心理学を学んで家族療法の知識を得たからといって，ただちに家族療法を実施することはお勧めできませんし，厳しい言い方をすればしてはいけません。次のような簡単な事例を通して考えてみましょう。たとえば，悩み事や心配事がある人がクリニックや相談機関を訪れる場面を想像してみてください。クリニックや相談機関に行く場合，子どもの発達や療育相談の場合を除いてはほとんどの人は1人だけで訪れるというのが一般的でしょう。子どもの発達相談であっても，悩み事や心配事を抱えているのは親であり，子ども自身が思い悩んでいるということはさほどないかもしれません。では，クリニックや相談機関を訪問する人の望みは何でしょうか。恐らく，彼らの最大の望みは自身の苦悩や心配事の解決や少なくともそれらの軽減だといえましょう。だとすると，目の前にいる人に対応する心理臨床家や精神科医がその人の苦悩や心配事に真摯に向き合うことなく，一方的にその人の家族の問題点を指摘したり，いきなり家族全員やその一部の人たちを治療の対象とするかのような発言や態度をとれば，相談者は満足するでしょうか。「悩んでいるのは私なのに，どうして家族を巻き込むのだろう」と，不満を感じたり不思議に思うことでしょう。カウンセリングをはじめとする心理治療や医療のあり方は，まずは相談事や悩み事

を投げかけてきたその人自身に，心理臨床家や医師が1対1の個人レベルで対応することが肝心です。仮にあなたの見立ての結果が，クライエントの悩みや心配事の根源には家族が起因しているのではないかと思っても，まずは目の前にいる人に誠心誠意関わることを怠ってはいけません。

　家族心理学の研究は，言うまでもなく家族療法だけではありません。あらゆる問題や社会事象について，家族という視点に着目してその関係性を精査し，いろんな研究が行われるようになりました。たとえば，乳幼児の研究では，両親とりわけ母親の役割は重要なものですが，その母子関係の視点からの解明は不可欠です。また，発達心理学では，誕生から成人への成長のみならず，高齢者が死をどのように迎えるのかといった生涯発達の観点からの研究が重視されるようになっています。この視点には，家族との関係性が不可欠なのです。さらには，児童虐待においても加害者である親と被害者である子どもといった親子の関係性からの理解は軽視できません。教育心理学では，学校教育のみならず家庭教育の重要性が叫ばれています。ここでも家族心理学は欠かせないものとなっています。このように，家族心理学はそれのみが独立して存在するのではなく，あらゆる心理学と多くの接点と関係性がある学問なのです。

コラム 1.1　治療契約

　心理療法の基本は，クライエントと称される患者をはじめ悩み事や心配事を抱えている相談者に対して，治療者である心理カウンセラーや医師が対応するものであり，その構造は必ず1対1の対応とされ，これは個人療法といわれています。このことの重要性を最初に唱えたのが精神分析で有名なフロイト（Freud, S.）です（図1.3）。フロイトは，心理療法を具体的に実施する面接・治療場面について，治療者が必ず守らねばならないことが5つあると指摘しました。それらは，クライエントにこの時間は特別なものであることを理解してもらうための「①時間の厳守」と「②場所の指定」が，まず挙げられます。次に，クライエントが自らの悩みや心配事を吐露するということは相当勇気のいることであり，それを治療者も十分に理解しておく必要性と，治療者は誠心誠意対応する必要性を説いた「③相互の信頼関係と誠実さ」です。さらには，クライエントが話した内容は，どのようなものであってもクライエント自身にとっては切実な問題であることから，治療者としては一切聞いた内容を他人に口外してはいけない「④秘密の厳守」です。そして，面接自体の目的が治療であり，そのプロとしての位置づけから「⑤料金の徴収」，以上の5点をフロイトは重視し，これらを治療契約と称しました。この，フロイトの提唱したクライエントと治療者との間で，治療契約があって初めて治療というものが成立すること，その基本は個別療法であることは今も何ら変わりません。また，家族心理学の重要な位置を占める家族療法ですが，その対象となる人たちは限定的であり，その名の通り，その対象者は家族や親族といった血縁関係またはそれに準ずる関係性にある人たちに限られています。

図 1.3　フロイト

参 考 図 書

Ackerman, N. W.（1958）. *The psychodynamics of family life.* Basic Books.
（アッカーマン, N. 小此木 啓吾・石原 潔（訳）（1970）. 家族関係の病理と治療　家族生活の精神力学（上・下）　岩崎学術出版社）

Bateson, G.（1972）. *Steps to an ecology of mind.* Ballentine Books.
（ベイトソン, G. 佐藤 良明（訳）（1990）. 精神の生態学　思案社）

Bowen, M.（1978）. *Family therapy in clinical practice.* Aronson.

Bowlby, J.（1969）. *Attachment and loss.* Vol. 1. *Attachment.* New York: Basic Books.
（ボウルビィ, J. 黒田 実郎・大羽 蓁・岡田 洋子・黒田 聖一（訳）（1976）. 母子関係の理論Ⅰ——愛着行動——　岩崎学術出版社）

Freud, S.（1933）. *Neue Folge der Vorlesungen zur Einführung in die Psychoanalyse.* Wien: Internationaler Psychoanalytischer.
（フロイト, S. 懸田 克躬・高橋 義孝（訳）（1971）. 精神分析入門（続）　フロイト著作集　第1巻　人文書院）

Maslow, A. H.（1970）. *Motivation and personality*（2nd ed.）. Harper & Row.
（マズロー, A. H. 小口 忠彦（監訳）（1971）. 人間性の心理学——モチベーションとパーソナリティ——　産業能率短期大学出版部）

Minuchin, S., Montalvo, B., Guerney, B. G. Jr., Rosman, B. L., & Schumer, F.（1967）. *Families of the slums: An exploration of their structure and treatment.* Basic Books.

Patterson, B. R., McNeal, S., Hawkins, N., & Phelps, R.（1967）. Reprogramming the social environment. *The Journal of Child Psychology and Psychiatry, 8,* 181-195.

復 習 問 題

1. 心理療法の基本はどのようなものでしょうか。
2. 家族心理学が誕生した背景を簡単に説明しましょう。

第 2 章

家族とは何か

家族は，国や地域，文化，さらには宗教が異なると，その形態までもが違ってきます。ここでは，家族の形態をはじめ，そこに関わってくる国家や宗教，文化や地域性の影響について理解しましょう。また，わが国における家族の変遷についても理解を深めるとともに，家族の機能や役割についても考えていきましょう。

2.1 家族の定義

本章のタイトルに掲げた「家族とは何か」との問いに，正解はなさそうです。わが国において，家族の明確な定義はなく，世界的に見ても共通したものは見当たりません。わが国では，民法で家族に近い言葉として親族というものがあり，次のように定められています（民法725条）。民法では，親族とは，① 6親等内の血族，② 配偶者，③ 3親等内の姻族，以上3つとされています（図2.1）。このように，親族については定義が見受けられますが，家族を法律はもとより学問の見地から定義づけしたものは見当たりません。ちなみに，民法上では第2章の「婚姻」において，配偶者という言葉が出てきますし，第3章の「親子」においては，親子や子どもという言葉があります。なお，民法では第4編「親族」および第5編「相続」の2つをそれぞれ「親族法」および「相続法」と称し，これら2つの総称を「家族法」と呼んでおり，ここに初めて家族という言葉が登場します。しかしながら，法文上のどこを探してみても家族という言葉に関する定義は，民法はもとより他の法律にも見当たりません。このように，私たちには家族に関する共通の理解や認識ができる基準や決まりはなく，個々の人が何を家族ととらえているのかはっきりしていません。2018年にカンヌ国際映画祭で最高賞（パルム・ドール）を獲得した『万引き家族』と

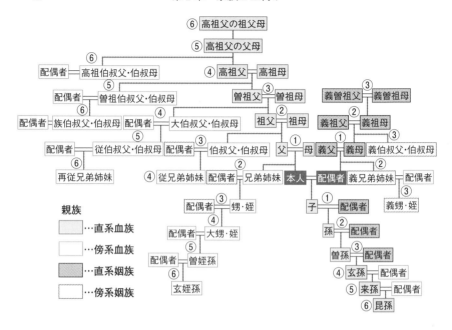

図 2.1　親族と親等表

いう映画では，血縁関係にはない複数の人物が一つ屋根の下に生活している状態でドラマが展開していきました（コラム 9.2 参照）。私たちが漫然と思っている家族とは少々異なっているという感覚は，映画を見た人ならば誰もが感じたことでしょう。

　ところで，現代社会においては，核家族や三世代家族などという家族を表す言葉が当たり前のように用いられています。しかしながら，核家族と三世代家族だけを見てもその構成される個々のメンバーの差異は明らかであり，形態面だけでも家族は多種多様です。ただ，唯一共通しているのは，誰もが両親，すなわち父親と母親が存在していたからこそこの世に誕生したことです。この世に生を受けたときには，病気や事故，さらにはシングルマザーを希望した母親の思いなどから，すでに父親がいないという場合もあるかもしれません。しかしながら，出生したときに父親が存在していなくても，母親の胎内に宿った時

点では間違いなく父親が存在しているのであり，人は父親なしにこの世に生を
受けることは基本的にはできないのです。上に挙げたような事情から父親がい
ないという場合もあるかもしれませんが，人が母親の胎内から誕生した時点で
母親は確固として存在しており，親子と呼ばれる家族関係がそこには成立して
いるのです。このように，人間が生を受けたときには基本的には両親が存在し
ています。また，特段の理由がない限り，男女が一組の夫婦を形成することが
新たな家族の始まりだともいえるでしょう。そこで，まずは家族の基をなす婚
姻によって成立する夫婦について見ていくことにしましょう。

　わが国では，基本的には一組の男女，すなわち一夫一妻制が夫婦の基本単位
となっています。しかしながら，世界中を見渡してみると，イスラム教徒を中
心に一夫多妻制と称される，1人の男性が複数の妻と生活することが認められ
ている地域や国が，アフリカから西アジアを中心にあります（図 2.2）。また，
1人の女性が複数の男性を夫として生活している多夫一妻制が認められている
ところもわずかですが存在します。このように，夫婦の形態だけをとっても世
界中にはさまざまなものがあり，形態が異なれば家族自体の考え方や定義が異

　■ 一夫多妻制が合法　■ イスラム教徒のみ一夫多妻制は合法　■ 一夫多妻制が非合法

図 2.2　**世界に占める一夫多妻制が合法な地域**（「世界結婚制度分布表」より）

なってしまわざるを得ません。それでは，わが国の家族に関するとらえ方はどうでしょうか。法律上では，一夫一妻制が家族の基本原則となっていますが，心理・社会的側面から見てみると，その定義は必ずしも一様ではありません。河合（1980）は「家族とは一体何であろうか。これは自明のことのようで案外難しい問いである」と，定義の困難性を指摘するにとどめ，家族への言及はしていません。森岡・望月（1983）は「家族とは，夫婦・親子・きょうだいなど少数の近親者を主要な成員とし，成員相互の深い感情的包絡で結ばれた，第一次的な福祉追求の集団」としています。少し具体的な表現をしている岡堂（1991）は「家族は，本来人間が自分の子孫を産み育て，人間性を培い，さらに価値や財産を次の世代に伝えるためにつくられたもので，時や所が異なればさまざまな形をみせるにしても，歴史の風雪に耐えて維持されてきた小集団である」としています。このように，家族とは，形態はどうであれ家族成員と称される家族を形成する人々が何らかの集団を形成し，その集団において価値や財産をはじめ福祉的な追求，継承をする一つの組織だといえましょう。

2.2　日本の家族，世界の家族

　飛行機が飛び交い，インターネットでいつでも外国と簡単につながることのできる現代社会ですが，わが国は島国であることから，社会・文化的には，長年にわたり海によって諸外国とは基本的に隔てられてきました。そのため，わが国の文化や風習は独自に培われてきたものが少なくなく，家族もその一つです。ただ，閉ざされた社会が長年続いてきたからといって，家族というものも古くから何ら変化せずに今日に至っているかといえば，そうではありません。たとえば，現代に生きる私たちは，婚姻形態においては個々の男性と女性が婚姻（一夫一妻制）し，家族を形成することが当たり前だととらえています。しかしながら，わが国の家族に関する変遷を見てみると，その形態や仕組みは一様ではありません。たとえば，平安時代に紫式部が著した『源氏物語』には正室と側室が登場しており，いわゆる一夫多妻の家族形態がうかがえます。この文化は，江戸幕府が構築した大奥の終焉まで数百年間続きました。明治維新を

契機に，西洋文化を手本として大日本帝国憲法のもと本格的な法治国家を目指したわが国は，民法の発布により一夫一妻制が決められました。しかしながら，同時に長子相続制度を採用したことから，家名や財産継承目的で，家系に男児がいなければ婚外子として家族の外に子どもをもうけることが半ば黙認されてもきました。このように，わが国の家族形態だけでも歴史的観点から見てみると一様ではありません。

　世界に目を向けてみますと，婚姻制度は宗教との関係性が小さくないことに気づきます。イスラム教を信仰するいくつかの国や地域では，1人の男性が複数の妻をめとることが可能な一夫多妻制が認められています（四戸，2004）。ただし，1人の男性が複数の女性を妻とするためには，すべての妻に対して何事に関しても平等に扱うことが宗教の教義で厳しく定められており，相当な経済的裏づけが不可欠だとされています。そのため，婚姻生活を維持していくことは容易なことではないようで，現実には一夫多妻制にある人の割合は，あまり多くはありません（図2.3）。一方，チベット地方のある民族では，1人の女性が複数の夫と生活をすることが許されている多夫一妻制を取り入れているところもあります（六鹿，2009）。このように，婚姻制度は家族を構成する成員が信仰する宗教や居住する地域，さらには国家の影響を少なからず受けています。

　ところで，家族は何らかの集団を形成していますが，その集団を他の集団と区別したり違いを明確にするために，わが国では同じ集団である1つの家族では同じ苗字，すなわち同一の氏を使用することが決められており（民法第750条），夫婦同姓（または，同氏）の原則といわれています。氏は，本来わが国では「家」すなわち「家族」の名を示すものとされ，家を同じくする者は同じ氏を名乗りましたが，現在では旧民法の時代とは異なり氏と名は個々の人を区別するための呼称にすぎません。そうはいっても，結婚すると，夫婦は両名の氏を統一することが強いられ，結果的にはどちらかが氏を変え一方の配偶者のものを使用することが求められます。法律上では，夫婦の話し合いでそのいずれか一方を選択することになっていますが，地域差は若干あるものの全国平均では夫の氏を称する夫婦が圧倒的に多く，全体の96.0%を占めています（犬飼，

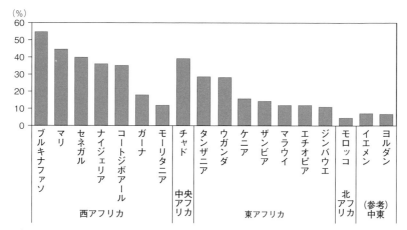

注：有配偶女性のうち一夫多妻状態にある者の比率。1996年以降のデータ。出所と年次は次の通
り。ブルキナファソ（1998/99），マリ（1996/97），モーリタニア（2000-01），チャド
（1996/97），モロッコ（2003/04），イエメン（1997），ヨルダン（2002）はトッド・クルバー
ジュ（2007）による。セネガル（2004），ナイジェリア（2003），コートジボアール（1998/99），
ガーナ（2008），タンザニア（2004/05），ウガンダ（2006），ケニア（2003），ザンビア（2007），
マラウイ（2004），エチオピア（2005），ジンバウエ（2005/06）は早瀬・大淵（2010）による。

図2.3　アフリカ諸国の一夫多妻婚の比率（「社会実情データ図録」より）

2019）。近年では，働く女性が増えたこともあり，婚姻により氏が変わると仕
事に差し支える等の理由から，夫婦別氏（または，夫婦別姓）を希望する人た
ちも少なくありません。そこで，法務省（2019）も「選択的夫婦別氏制度」と
称して，世論調査をするなどその可能性の検討に入っています。ただ，子ども
の氏をどのようにするのかなど，解決しなくてはならない問題がいくつか指摘
されており，法律的に夫婦別氏が認められるにはまだしばらく時間がかかるよ
うです。一方，世界に目を向けてみますと，大韓民国では別氏制となっており
夫婦は同じ氏を使用しません。すなわち，結婚しても夫婦両名の氏は生まれた
ときのものから変更を強いられることはなく，家族と氏には直接的な関係性は
見られないのです。なお，夫婦間に子どもが誕生したときには，子どもは父親
の氏を名乗ることが義務づけられています。よって，家族内で母親だけが氏が
異なるのです。

　このように，家族の基本となる夫婦の形態をはじめ，用いる氏の問題など，

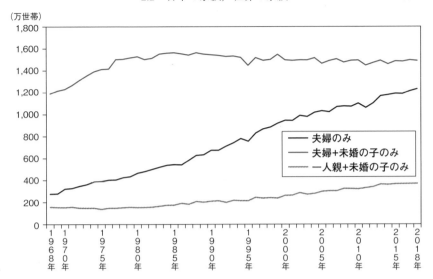

図 2.4　**夫婦と子どもの有無に関する推移**（「国民生活基礎調査（厚生労働省，2019）」より）
核家族世帯数（世帯種類別）。

家族といっても一様ではありません。さらには，子どもに関することも見逃せ
ません。結婚すれば，当然のように子どもができると思っている人は多いで
しょう。しかしながら，近年騒がれている少子化問題のように，子どもをもう
けない夫婦が年々増加しており，減る様相は見られません（図 2.4）。また，
子どもに関しても親とのさまざまな関係性を持つ親子関係が存在しています。
たとえば，夫婦両名の実の子どもなのか，それとも養子なのか。また，養子と
いっても実の親子との関係が継続し続ける養子（普通養子と称されています）
なのか，それとも血のつながりはないが実の親子としての関係性が保障される
特別養子なのか。さらには，ステップ・ファミリーと称される再婚した夫婦の
どちらか，または両方が以前の結婚でもうけた子どもを連れて新たな家族を形
成しているのか等，多様なものがあります。このように，わが国だけでも多種
多様な家族が存在しており，世界規模ではどれほどの家族形態や制度の違いが
あるのか，はっきりとしたことはわかっていません。

2.3　宗教と家族

　世界の三大宗教といえば，キリスト教，イスラム教および仏教のことをいいます。宗教は，地理的な面はもとより民族の壁を越えて，さらには国家をも越えて，その価値観は共有されます。それだけに，宗教の対立は民族間や国家間における紛争の火種となり，時には戦争へと結びついてしまいます。これほどまでに大きい宗教の影響は，人間個々への影響はもとより家族への影響も小さくありません。たとえば，日本人の女性がイスラム教徒の男性と交際する場合，婚前交渉はもとより2人だけのデートも原則的にはできません。また，婚姻時に女性が特定の宗教を信仰していなければ，夫婦関係を継続するためにはイスラム教徒となることがほぼ必定です。イスラム教徒になれば婚姻できるのだと簡単に考える人もいるでしょうが，イスラム教には厳しい教義がいくつもあり，幼少の頃からイスラム教の教義に則った宗教儀式の経験のない人は，なかなかなじむことはできないといわれています（萬谷，2019）。

　特定の宗教を信仰している人が少なく宗教色の薄い日本では，宗教が個人はもとより家族に対して危機的な状況を引き起こすことを想像できる人はほとんどいません。というのは，わが国における大衆の年末年始の行動は，決まった宗教に帰依している人が多い外国人には理解し難いといわれているからです。日本人の多くは，12月24日にはキリスト教の行事であるクリスマスを祝います。その1週間後の大晦日には，除夜の鐘を聞くために仏教寺院を訪れます。そして，一夜が明け元旦を迎えると，一年の計を祈願するために今度は神社を参拝します。このような行動の背景には，特定の宗教への信仰がないことがあり，そのことも伴って私たちは，宗教の個人に対する影響は小さいように思っているのです。しかし，かつて問題となったカルト宗教では，そこへ帰依すると家族を捨てることが半ば強いられ家族崩壊へと結びついてしまうという悲劇が起こりました。また，カルト宗教でなくても，ある宗教の教義では離婚を禁じているものもあります。さらには，普段の生活への影響は小さいですが，医療行為における輸血をはじめ化学物質の投与や摂取を禁じている宗教もあり，このことから児童虐待のネグレクトと認定されてしまう事態も生じています。

このように見てみると，宗教の家族への影響は決して小さいとは言い難く，多様化する社会や外国人の流入により，わが国の家族もやがて宗教の大きな影響を受けざるを得ない時代がくることが予想されます。

2.4 国家と家族

国家と家族関係は関係性がさほどないように思われますが，必ずしもそうではありません。一度何らかの問題が生じれば，国家は国民のために動こうとしますし，国民のための諸活動は国家が国民の親代わりの役割を果たすともいえるでしょう。たとえば，2019 年 12 月以降に中国湖北省武漢市を中心に発生した新型コロナウイルス感染症（Covid-19）の対応策の一つとして，わが国政府は武漢市内に居住している日本国民を速やかに帰国させる目的で特別機を飛ばし，日本国内へと連れ帰りました。このような大がかりな対応は珍しいことですが，日々の生活においても国家の家族への影響は必ずしも小さいものではありません。たとえば，児童虐待がどこかの家庭で生じた場合，加害者である親から危険にさらされている子どもを守る目的で，児童相談所は家庭裁判所に対して親権の停止の申立てを行うことができます。家庭裁判所において，加害者である親の親権の停止が認められた場合，子どもは加害者である親の同意を得ることなしに児童養護施設等で保護され，その後は国が被害児童を保護し，その権利を守ります。これは「国親思想」と称されます。また，未成年者が犯罪を起こした場合，その非行少年は少年院で矯正教育と呼ばれる特別な指導や教育がなされることもありますが，この背景にはわが国の子どもたちに再犯をさせないようにとの思いがあっての指導教育があり，これも「国親思想」に基づくものです。このように，わが国においては国家が国民を家族と見なして保護や指導を行うという考え方があり，個々の家族も何らかの形で国家から守られています。

ところで，国家と家族の結びつきでもっとも顕著なものは，イスラエルのキブツでしょう。キブツ（図 2.5）は，ヘブライ語で「集団」を意味します。誕生の由来は，主に帝政ロシアから迫害を受けていたユダヤ人たちが，自分たち

図2.5 イスラエル中部にあるベイト・グブリンのキブツ（Wikipediaより）

の国家を立ち上げようと集団生活を始めた20世紀初頭にさかのぼります。キブツで暮らす人たちは，完全な平等や相互責任の考え方に基づいて，共同での食事をはじめ，夫婦の家，子どもの家，青年の家など，同世代の人たちで1つの家を形成します。よって，両親と子どもは寝食を共にすることはなく，育児や教育も集団で行われるというシステムがとられています。原則的には，大人が共同で農業に従事し，農作物の販売によって運営をしますが，凶作のときには国家からの資金援助を受けることもできます。産業構造の転換とともに現在ではほとんど見られなくなったキブツですが，今もなおイスラエルの3％の人たちがキブツで生活を送っています。このように，国家が家族に強い影響力を持っているものもあります。

2.5 わが国における家族の形態とその変化

　前述したように，世界の家族に目を向けると話題は尽きませんが，家族についての共通の定義が見当たらないことから，話が拡散してしまう恐れがあります。そこで，ここからはわが国の家族を中心に見ていくことにしましょう。

　わが国は，1945年に第2次世界大戦が終結したことを機に，社会自体が大

きく変化し，それに伴い家族のあり方や形態までもが変わりました。日本古来
に始まり，明治時代に法的にも一層鮮明となった家制度が新民法の制定を機に
廃止されることとなりました。この家制度の崩壊によって，家族内における夫
婦はもとよりきょうだい間の平等化が進み，もっとも年長者である祖父を頂点
とした家長中心の家族から働き手世代である子世代の夫婦中心家族へと変化し
ていきました。また，第1次産業が衰退して工業化が進んだことから産業の集
約化が生じ，家計を支える働き手は会社勤めのサラリーマンが主流となってい
きました。とりわけ，東京オリンピックが開催された昭和30年代頃から，大
阪万国博覧会が開催された昭和40年代末頃にかけて，サラリーマンが日本の
経済を支える中心となり，都市部への大量の人口移動が生じました。この移動
が契機となり，長年にわたって日本の特徴であった三世代家族の崩壊が始まっ
たのです。また，大学・短期大学への進学率が飛躍的に伸びました（図2.6）。
若者たちは全国から都市部の大学に進学し，卒業した後も大半の若者たちがそ
のまま都市部で就職し生活をするようになりました。そして，仕事場のある都

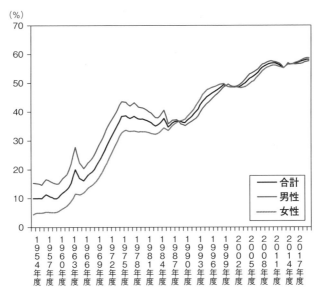

図2.6　大学・短期大学への進学率の推移（過年度高卒者などを含む）
（ガベージニュース，2019より）

市部で配偶者とめぐり合い新たな家族を形成していきました。これが核家族と称される新たな家族形態の始まりとなったのです。このように，都市部に発生した核家族には，一定の場所に長年住み続けてきた血縁関係や地縁性は乏しく，「隣は何をする人ぞ」といわれるように，人間関係が希薄なことが特徴です。

　核家族としての家族は，子どもが成長すれば次々と独立して新たな核家族を形成し，住居も子どもが望む生活を重視したものを自由に選ぶことができます。一方，子どもたちがすべて独立すると，親夫婦は再び2人だけの家族となります。ただ，高齢者夫婦のみの家族には，扶養の問題や家屋をはじめとする相続の問題が生じ，このことが現代におけるわが国の新たな問題となっています。そして，高齢者夫婦のみの家族はやがてなくなってしまい，この現象が繰り返されることが現代家族の特徴ともいえましょう。

2.6　家族の役割と機能

　家族の役割は，大きく分けて2つあります。一つは，家族を代表する世帯主や主婦といった集団的な地位に結びついた集団的役割です。もう一つは，夫婦や母子関係といったような関係的な地位に結びついた関係的役割です。

　集団的役割は，家族という集団を維持していくために不可欠な活動を分担するものです。家族とは日常生活を基盤とした集合体であり，次のような役割があります。①炊事や洗濯といった家事と称される生活維持に不可欠な労働で生活を支える，②何らかの労働に従事し家計を支えるための所得を得る，③家族内の人間関係を円滑にするために情緒的側面を支える，④子どもや年老いた親を扶養・介護する，⑤親族や近隣住民との付き合いや渉外，⑥先祖祀りを代表とする冠婚葬祭の実施，などです。

　関係的役割とは，上述した集団的役割と重複する点が少なくありません。ちなみに，妻が夫の弁当を作るような，関係的地位にある主体者が相手方の要求や希望を充足させるための行為が関係的役割といえます。このように，集団的役割で挙げた「①家事と称される生活維持に不可欠な労働で生活を支える」において，妻が夫の希望に則した形で対応する部分がその代表的なものです。ま

コラム 2.1　一夫一妻は絶対か？

最近になって，アメリカで奇妙な現象が目につくようになりました。

恋愛と縁のない若い男性は日本だと「非モテ」と呼ばれますが，アメリカだと「インセル（Incel）」です。これは「Involuntary celibate（非自発的禁欲）」のことで，宗教的な禁欲ではなく，「自分ではどうしようもない理由で（非自発的に）禁欲状態になっている」ことの自虐的な俗語としてネット世界に急速に広まりました。

2014 年 5 月，エリオット・ロジャーという若者がカリフォルニア州サンタバーバラで無差別発砲し，6 人が死亡しました。この事件が注目されたのは，22 歳で童貞のロジャーが「インセル」を名乗り，自分を相手にしない女性への復讐が目的だとYouTube に「犯行声明」を流したからです。

この事件でロジャーはインセルの「神」に祀り上げられ，15 年 10 月オレゴン州の短大（9 名死亡），17 年 12 月ニューメキシコ州の高校（2 人死亡），18 年 2 月フロリダ州の高校（17 人死亡），同年 4 月トロントの路上（10 名死亡）と「インセル」による乱射事件がつづきました。これはまさに，「非モテ」によるテロリズムです。

「自分たちは（チャラ男に群がる）女に抑圧されている」と考えるインセルはフェミニズムが大嫌いですが，不思議なのは，そんな彼らが一夫一妻の伝統的な性道徳の復活を強く訴えていることです。

この謎の答えは，すこし考えてみればわかります。

男が 10 人，女が 10 人いて，一夫一妻ならすべての男が妻を獲得できます。ところが一夫多妻で，魅力的な男が 2 人の女性をめとることが許されるなら，5 人の男はあぶれてしまいます。うだつのあがらない男と結婚するより，大金持ちの「二号」になった方がずっといいと考える女性はたくさんいるでしょう。

ここからわかるように，一夫一妻は非モテの男に有利で，一夫多妻はモテの男とすべての女性に有利な制度です。それにもかかわらず伝統的なフェミニズムは，一夫一妻を「女性の権利」と頑強に主張してきました。多くの（非モテの）男は，この「勘違い」によって救われてきたのです。

インセルの危機感は，価値観の変化によって「恋愛格差」が広がり，この「安全弁」が失われつつあるからでしょう。「反フェミニズム」がネトウヨと親和的な日本でも，これは同じかもしれません。

（橘 玲『「非自発的禁欲」のテロリズム』『週刊プレイボーイ』（2019 年 3 月 4 日発売号に掲載）より）

た，親が子どもをしつけるといった行為も大切な関係的役割といえます。

　集団的役割と関係的役割は，家族形態に関わらず，また国家や宗教，地域を超越した共通したものだともいえるでしょう。

参 考 図 書

河合 隼雄（1980）．家族関係を考える　講談社

岡堂 哲雄（1991）．家族心理学講義　金子書房

復 習 問 題

1.　家族には明確な定義はありませんが，家族とはどのようなものだといえるでしょうか。簡単に説明してみましょう。

2.　家族には国家や宗教の影響がありますが，本文で説明されているもの以外にどのようなものが挙げられるでしょうか。考えてみましょう。

第 3 章

家族関係はどのように形成されるのか

家族を形成するための前提条件は，恋愛行動からの結婚です。人がある特定の人に魅力を感じ思いを寄せることを，対人魅力といいます。本章では，男女が恋愛感情に基づき，家族を形成していく過程を見ていきます。また，近年の婚姻に関する新しい動きについても紹介します。

3.1 家族を形成するための前提条件

家族を形成するに当たって，その前提となるのは一組のカップルの相互に「好きです」という思いであることは誰でもすぐにわかるでしょう。また，交際が深まれば「この人と一緒に暮らしたい。一緒にいても嫌ではない」という気持ちの芽生えがなくてはなりません。気持ちや思いがそこまでに至るには，恋愛であれお見合いであれ同じことでしょう。しかしながら，いずれにしても互いが相手に対して魅力を感じ，「この人が好き。この人と一緒にいたい」という気持ちが芽生えなくては，現代社会では通常家族が形成されることはあり得ません。そこで，まずは人がどのように他者に魅力を感じるのかを見ていくことにしましょう。

3.2 対人魅力

人には，本人が知っているかいないかは別として，必ず両親が存在します。成長過程において，人は社会性を備えると自らの家族には所属してはいない他

人に興味関心を抱くようになり，その気持ちはやがて恋愛感情へと移行する場合もあります。この，人への興味関心や態度のことを，心理学では**対人魅力**といいます。恋愛や婚姻の基底には，相手に対する対人魅力や好意感情が存在します。そこで，まずは対人魅力がどのような要因で形成されるのかを見ていくことにしましょう。なお，対人魅力は必ずしも異性のみに形成されるものではなく，以下に挙げるいくつかの要因は同性の対象にも当てはまります。

3.2.1　身体的魅力の要因

　対人魅力を形成する要因の一つは容姿です。美人とかイケメンなどと称されるように，見た目が魅力的な人は，特に異性から好意を抱かれやすいということです。ウォルスターら（Walster et al., 1966）は，これを実験的に証明しました。なお，人が身体のどの部位に魅力を感じるのかという研究はほとんど見当たりません。また，美人と称される人の特徴も一定ではなく，決まった法則や規則性はありません。ただ，シン（Singh, 1993）は，男性にとって女性のウエストとヒップに関するある特定の比率が魅力度を高めることを指摘しています。

3.2.2　距離（近接性）の要因

　対人魅力を形成するもっとも容易な要因の一つが両者間の距離です。たとえば，同じ学校やクラス，クラブやサークルの仲間というように，恋愛はもとより同性との友人関係も非常に狭い範囲内で生じやすいのです。小学校に入学した頃，最初にできた友だちは，席が隣の人だったという人も少なくないでしょう。フェスティンガーら（Festinger et al., 1950）は，同じアパートに住んでいる大学生の交友関係を調査し，住居間の距離が近く頻繁に出会う人同士ほど親しくなる可能性が大きいことを見出しています。物理的な距離が近いと接触頻度が上昇するという環境的要因が好意感情を増幅するのです。

3.2.3　類似性の要因

　自分自身と相手の似ている度合いが強いほど，またお互いの共通点が多いほ

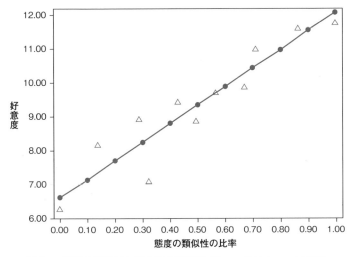

図3.1　**態度の類似性と対人魅力の関連**（Byrne & Nelson, 1965）

ど，両者が親しくなれることをバーンとネルソン（Byrne & Nelson, 1965）は
見出しました。バーンとネルソンは，自らの態度と他者の態度の類似点が多い
ほど，その人物に対して魅力を感じることを実験的手法を用いて明確に示しま
した（図3.1）。すなわち，自分と似通った人の行動や気持ちは，比較的容易
に理解できます。似ている人と付き合うことは，喜びや悲しみを共有し合いや
すく，気持ちも通じやすいことから，似ている相手には魅力を感じやすいので
す。また，価値観が似ていることから，付き合っていると相手の考えているこ
とが容易に理解でき，気遣いなく楽しめます。このような観点から魅力を感じ
やすくなるのです。

3.2.4　相補性の要因

　人は，自分自身にはないが相手にはあるものに対して，自らにはないものを
補ってくれるものとして魅力を感じるだろう，とウィンチ（Winch, 1955）は
考えました。一昔前のヤクザ映画によく登場する豪傑のヤクザ者と，いかにも
か弱そうな細面の日本美人のカップルは，その典型といえましょう。一見した
ところ不釣合いのカップルに見えてしまいますが，ヤクザ者は自らにはない優

しさや美しさを相手に求め，一方の女性は自分にはない力強さや粗野な面を相手に求めるのです。そのように，お互いにないものを補うことで，2人の関係性はうまくいくのでしょう。

3.2.5　他者理解度の要因

相手の気持ちがよくわかっている人に対して，人は好意的な感情を抱きます。とりわけ，人は自らのことを好きになってくれる相手を好きになることが少なくなく，このことをバックマンとセコード（Backman & Secord, 1959）は「好意の互酬性」と名づけました。「好きです」と告白されて，ただちに恋愛感情がわき始めることはありませんが，少なくとも嫌な気分にはなりにくく，告白してくれた相手に対して敵意が芽生えることもないでしょう。

3.2.6　その他の要因

以上の他にも，対人魅力を形成する要因としては，性格面では外向性や明るさといった，たいていの人が望ましいと思う性格特徴を備えている人（中里ら，1975）や，仕事がよくできて経済力があること（Centers, 1972）などがあります。

3.3　好意と愛情

「私は，○○さんのことが好きです」と言っても，この言葉の意味するところは1つとは限りません。好きだという意味には，「人間として尊敬しています」という好意や敬意を意味する場合もあれば，「恋人として愛しています」という愛情の意味合いもあるでしょう。このように見てみると，「好きだ」という言葉は一様ではないことがわかります。ただ，日本人はこの意味の違いと使い方がわかりにくい民族であり，時として誤解が生じて人間関係がうまくいかなくなってしまうこともあります。たとえば英語には「好きだ」という言葉を示す単語に，like と love といった少なくとも2つが存在しています。しかしながら，日本語にも「愛している」という言葉は存在しますが，日常生活で

表 3.1　**愛情尺度と好意尺度の例**（Rubin, 1970 から抜粋）

愛情尺度
1. もし，○○さんが元気がなかったら，私は何をおいても元気づけてあげる。
2. ○○さんがどんなことをしても，私は許せる。
3. ○○さんに短所があっても，私はそれを気にしないでいられる。
4. ○○さんのためなら，何でもしてあげられる。
5. ○○さんから打ち明け話をされると，とても嬉しく思う。
6. ○○さんを，私は全面的に信頼している。

好意尺度
1. ○○さんと一緒だと，いつも息がぴったりと合う。
2. ○○さんは，とても成熟している人だと思う。
3. ○○さんは，人から尊敬される人だと思う。
4. 私と○○さんは，互いにとてもよく似ていると思う。
5. ○○さんのような人になりたいと思う。
6. ○○さんに会って話をすれば，誰もが好感を持つと思う。

は「好きです」という言葉が好意と愛情を兼ねてしまっていることが多く，強いて使い分けをしている人はほとんどいないといっても過言ではないでしょう。この区別のなさが，わが国の人間関係において誤解を生じさせてしまっている原因の一つなのです。

　ところで，ルービン（Rubin, 1970）は，愛情と好意の区別を試みて，それぞれを測定するための質問項目を作成しています（表 3.1）。ルービンによると，愛情とは，ロマンチックな面が伴い，相手に対する依存，相手への援助をしたいという思い，さらには独占欲などの排他的な感情から構成されるものだと指摘しています。一方，好意とは，ロマンチックな感情は伴わず，相手に対する尊敬の念や性的なものはない親しみだとしました。好意から愛情へと変化することがないとはいえませんが，基本的に両者は別の性質を持ったものであり，区別されています。恋愛関係を維持し発展させるには，相手に対して愛情の感情が芽生えている必要性があります。

3.4　恋愛から配偶者選択へ

3.4.1　恋愛とその維持

　お互いに相手に対する恋愛感情が芽生えると，両者の関係性は急速に発展していきます。この急速な発展過程について，レヴィンガーとスノーク（Levinger & Snoek, 1972）は，次のような 5 つの段階があると説明しています。最初は相手の存在に気づき魅力を感じる「魅力（attraction）の段階」，次に両者の関係性をより強固なものにするための「構築（building）の段階」，3 番目には，構築された関係性をできるだけ長時間にわたって続くようにするための「維持（continuation）の段階」，4 番目には，関係が不安定になり変化し始める「崩壊（deterioration）の段階」，そして最後に，離別に至る「終わり（ending）の段階」だとしており，これらを総称して ABCDE モデルといいます。失恋や離婚をしなくても，人には必ず死期が訪れますので，いくら二人の仲がよくても恋愛関係には「終わりの段階」は必ずあります。しかしながら，両者の努力や相手に対する思いの強さで「崩壊の段階」は避けることができますし，そのためには二人の関係性は相当長い期間にわたって「維持の段階」を継続することが必要です。そこには，次に挙げる両者間の愛情がその決定因となります。

3.4.2　愛情と熱愛，優愛

　愛情について，バーシャイドとウォルスター（Berscheid & Walster, 1978）は，性的な感情を背景とする苦悩や不安，嫉妬などが混在する「熱愛（passionate love）」と，性的な感情はあまり有することのない温かく穏やかな「優愛（友愛）（companionate love）」の 2 種類があるとしています。「優愛」とは夫婦間でのいたわりや信頼で，「友愛」はきょうだい間の思いや友達との友情です。愛情を，「熱愛」と「優愛」の総和と考えると，恋愛関係の「維持の段階」を継続できるカップルと，「崩壊の段階」を迎えてしまい破局へと至ってしまう場合とがうまく説明できます。図 3.2 に示すように，二人が出会い恋愛感情がお互いに芽生えると，それは一挙に燃え上がり激しい思いが募ります。これが「熱愛」です。この「熱愛」感情は，出会った直後から肥大化していき

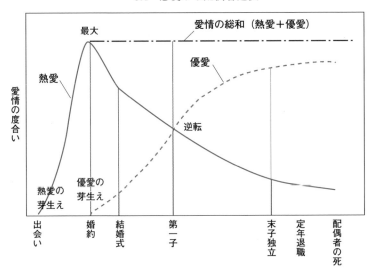

図3.2　愛情における熱愛と優愛の推移

ますが，同時に一緒に過ごせない時間が長期化すると，不安や嫉妬心を増幅させます。ちなみに，この不安や嫉妬心が大きくなりすぎると恋愛関係は崩壊してしまいます。また，「熱愛」感情が急激に肥大化したときに，ふと我に返り一気に冷めて崩壊してしまうこともあります。これを繰り返しているうちに，人は「熱愛」をうまく育む術を会得するかのように関係性を「維持」するようになり，やがて婚約に至ります。この婚約を迎えたときこそが，まさしく配偶者選択なのです。ちなみに，婚約をしたときに「熱愛」はピークを迎えることになります。婚約とは，婚姻をする（法律上，夫婦となる）約束であり，周りの人々へもその事実を知らせることになるので，婚約以後には恋敵や別の人物に好きな人を奪い取られる心配は幾分小さくなることから，結果的に「熱愛」の感情自体がこれ以上大きくなることはありません。婚約以降は，相手方の親や親族との関係性の構築をはじめ，結婚式を挙げる場合にはそれに伴う準備作業の煩わしさで「熱愛」感情は次第に縮小していきます。しかしながら，自ら選択した配偶者が親や親族から認められ，受け入れられると，「この人を選んでよかった」といった確信が生まれます。また結婚式の準備を進めるに際して，

自分に対する相手の心遣いや思いやりを感じたときには「この人と一緒に家庭を築くのだ」といった思いが次第に強くなっていきます。このような気持ちの芽生えが「優愛」の誕生なのです。「優愛」は婚約から結婚式，さらには婚姻届の提出と，時間経過とともに少しずつ大きくなっていきます。やがて新婚生活が始まり二人の間に子どもが誕生すると，二人の生活も一変します。多くの家庭では，夫婦間の互いの呼称までもが「パパ，ママ」や「お父さん，お母さん」のように，子どもを中心としたものへと変わります。この時点で，「熱愛」と「優愛」が愛情に占める割合は大きく変化し逆転する場合も少なくありません。しかしながら，「熱愛」が減少してしまっても，反対に「優愛」が増加し結果的に 2 つの愛情の総和が低下していなければ，二人の関係性は維持し続けることができ，夫婦が崩壊の危機に直面するようなことはありません。

　「熱愛」は一時的な愛情の側面が強いことから，夫婦関係が長期化していくと次第に減少せざるを得ません。一方，「優愛」は子育てをはじめ家庭を維持していくという共通の目標を持つ中で夫婦双方が互いの存在価値を認め合うこと，また子育てが終わり，末子が夫婦の元を巣立った後，二人だけの生活を迎えたときに改めて信頼関係を築くことで増幅していく緩やかな愛情でもあります。婚姻後も配偶者以外の異性と遊びたいとか，いわゆる「できちゃった婚」のような場合には，親としての自覚が芽生えず，常に「熱愛」を求め続けることになります。しかし，配偶者は「熱愛」から「優愛」を求めてどんどんと移行し始めていますので，結果的に夫婦相互間で異なる愛情を求めることとなってしまいます。すなわち，「熱愛」と「優愛」の総和である二人の愛情は小さくなっているのです。その結果，二人の恋愛関係は破綻してしまい「終わりの段階」，すなわち離婚へと至るのです。

3.5　晩　　婚

　晩婚とは，婚姻する年齢が遅くなっている現象のことです。婚姻自体が遅くなることは，新たな家族を形成する時期が遅れることになると同時に，新しい家族で過ごす時間が人の一生という時間軸の視点から見て，短くなっているこ

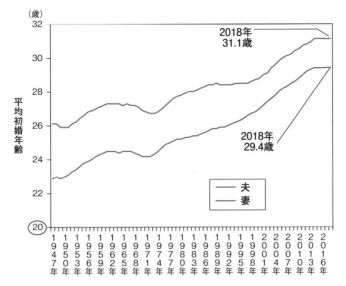

図 3.3 平均初婚年齢の推移 (ガベージニュース，2019 より)

とでもあります。図 3.3 を見てもわかるように，男女共に初婚年齢は年々遅く
なってきており，自らが生まれた家族にとどまる期間または単身生活の期間が
長くなっています。晩婚化の原因についてですが，内閣府 (2018) が行った調
査結果では「適当な相手にめぐり合わない」という出会いの少なさがもっとも
多い理由となっています。これは過去に行われた同様の調査結果においても常
に第 1 位の理由として挙げられており，大きな変化はありません。また，興味
深いものとして「自由さや気楽さを失いたくない」や「趣味や娯楽を楽しみた
い」という理由が常に上位を占めており，家族を形成することで失うかもしれ
ない自由さや気ままさを追い求める若者が多いことが挙げられます。晩婚化が
進めば子どもをもうける時期も高齢化し，その結果，高齢出産や高齢育児と
いった新たな問題へとつながります。わが国の少子化の原因の一つには，この
晩婚化があるようです。

3.6　非　婚

　晩婚では，婚姻時期が遅くなりますが，やがて家族を持つことには違いあり
ません。しかしながら，いつまでも単身生活の気楽さや自由さ，さらには趣味
や娯楽などを追求した結果，一生婚姻しない人も出てきます。このように，非
婚とは一生涯にわたって婚姻しないことであり，その結果として新たな家族を
もうけないことになります。図3.4を見てもわかるように，わが国においては
年々婚姻をしない人が増えています。この原因について，雇用形態が多様化し
正規雇用者が減少したことによる経済的問題（酒井・樋口，2005；鎌田，
2009）や高学歴化（趙・水ノ上，2014）などが指摘されています。婚姻するこ
とを拒んでいるからなのか，それとも婚姻したくてもできるような状況にない
からなのか，現在も多くの学者が原因究明に尽力していますが，まだわかりま

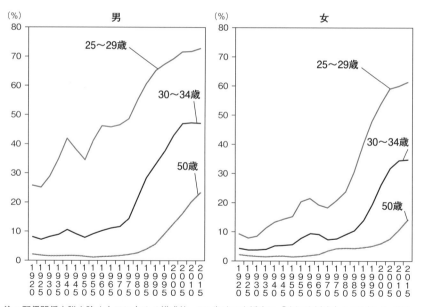

注：配偶関係未詳を除く人口に占める構成比。50歳時の未婚率は「生涯未婚率」と呼ばれる（45
　　〜49歳と50〜54歳未婚率の平均値）。
（資料）国勢調査（2005年以前「日本の長期統計系列」掲載）

図3.4　**年齢別未婚率の推移**（「社会実情データ図録」より）

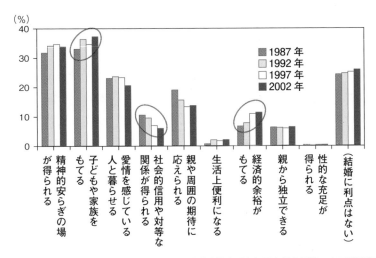

図 3.5 **結婚の利点：女性**（「第 9 〜 12 回出生動向基本調査」国立社会保障・人口問題研究所, 2004）

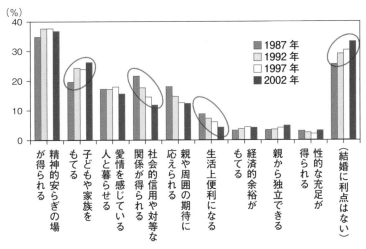

図 3.6 **結婚の利点：男性**（「第 9 〜 12 回出生動向基本調査」国立社会保障・人口問題研究所, 2004）

せん。ただ，統計上において婚姻をしない人たちが増えていることには間違いありません。

　非婚化について，岩澤（2007）は，未婚女性のうち「いずれは結婚するつもり」と回答した割合は30歳で85％，35歳でも77％存在しており，「今すぐにでも」といった婚姻に対する積極的な姿勢はあまり強くなくなっていることを指摘しています。また，岩澤（2007）は，1987年から2002年までの男女の結婚観に関する経年比較研究をしています。それによると，男女共に「結婚に利点はない」と思う人が増加傾向にあり，とりわけ男性はその傾向が顕著です（図3.5，図3.6）。男性は，1980年代後半には，結婚することで「社会的信用」や「生活上の便利さ」を感じていましたが，近年その傾向はうかがえません。この背景には，社会が多様化して終身雇用制度が以前ほど重視されなくなったこと，また小規模であっても起業家が増えた今日では，以前のように為替決済や手形取引等で重視された「社会的信用の獲得」を求める人が減ったこともあるでしょう。さらには，コンビニエンスストアや深夜スーパーが出現して，時間にとらわれず誰もが快適に過ごすことができるようになったことも，男性が「生活上の便利さ」を結婚への魅力として感じなくなった要因かもしれません。

　なお，男性が結婚することについての利点として増加傾向にあるものは「子どもや家族をもてる」や「精神的安らぎ」であり，複雑化する現代社会の社会構造から生じる孤独感を反映しているともいえるでしょう。このことは，女性も男性同様に，結婚に求めるものとして「子どもや家族」と「精神的安らぎ」が増加傾向にあることからもうかがえます。ただ，女性の結婚観で注目すべき点は「結婚をすれば，経済的余裕がもてる」という考え方が増加傾向にあり，結婚に経済的な裕福さを求めている女性が徐々に増えつつあることです。この傾向が今後どのように変化していくかが注目されます。また，男性と同じく「結婚に利点はない」と考えている女性の割合も年々増加傾向にあります。非婚化が進んでいる理由は，社会的影響を受けて，現代人の結婚に対する価値観が大きく変化しているからといえるでしょう。

コラム 3.1　**SNS での出会い**

　SNS（ソーシャル・ネットワーキング・サービス）が広く使われている現代社会では，インターネットを介した出会いは少なくありません。SNS 上での出会いの最大の特徴の一つは，最初は直接出会うことがないので，写真が掲げられていない限り（写真があっても必ずしも本人のものとは限りません），相手の見た目がわからないということです。ちなみに，SNS を介して知り合った夫婦やカップルがどのくらいいるのかというと，アメリカで行われた調査（Cacioppo et al., 2013）によると，結婚しているカップルの 3 分の 1 が SNS での出会いで交際を始めたとのことです。またわが国での調査結果（電子コミック配信サービス「めちゃコミック」，2017）では，交際中のカップルのうち 7 分の 1 が SNS 上での出会いでした。このように，SNS はカップルが出会う重要な手段の一つとなっているようです。

　わが国で行われた調査結果をもう少し詳しく見てみると，恋愛関係になったタイミングが実際に相手と会う以前，すなわち実際の相手の容姿や容貌を全く見たことがない状況での交際開始が約 24％もいました。2 人の出会いの SNS での方法ですが，マッチングアプリと称され，事前に自分自身と希望する相手の情報を入力して，交際相手を探すというものが大半でした。マッチングアプリを利用し実際に会う前から交際を決意した人の理由は，「条件に応じて相手をピックアップできる」とか「効率的に婚活ができるから」が挙げられています。興味深いこととして，わが国では独身の人が結婚できない理由として「適当な相手と巡りあえないから」との回答がもっとも多いのです（国立社会保障・人口問題研究所，2015）。結婚するにもまずは交際をしないと始まりません。だとすると，危険性が全くないとはいえませんが，きちんとしたルールを守っていれば SNS を利用した恋人探しもよい方法の一つになるのかもしれません。

3.7　多様化するカップル

　LGBTという言葉を耳にすることが増えてきています。LGBTとは，4つの言葉からなる総称です。LはLesbianの頭文字でレズビアン，女性同性愛者を意味します。GはGayでゲイ，男性同性愛者のことです。また，BはBisexualでバイセクシュアル，両性愛者のことです。最後にTはTransgenderの頭文字でトランスジェンダー，出生時に診断された性と自認する性の不一致のことをいいます。これら4つの言葉のそれぞれの頭文字をとり，性的少数者である人々の総称として用いられています。

　LGBTという言葉は，元来はアメリカで使用され始めたものであり，性的な差別への抗議や法的権利の獲得を求めて，性的少数者の人たちが自らのことをこのように呼ぶようになったのが最初だといわれています。わが国においても，1990年代からLGBTへの理解を求める活動が各地で起こり始め，LGBTという言葉も一挙に広がっていきました。電通ダイバーシティ・ラボ（2015）の調査によると，わが国におけるLGBTに該当する人の割合は7.6％とされています。LGBTの人たちを支援・支持する運動の広がりは，公共団体をも動かす力となり，2015年には東京都渋谷区が，同性カップルに対して結婚に相当する関係などを認める同性パートナーシップ条例を成立させました。これに引き続いて，東京都世田谷区や那覇市，札幌市なども同性カップルに対して結婚に相当する関係性を認めています。

　このように，婚姻を成立させる一組のカップルの性は，これまでのように必ずしも男女とは限らなくなり，家族形態そのものが多様化の方向へと展開し始めています。

コラム 3.2　**見合い結婚**

「結婚するなら，好きな人と恋愛で……」と，たいていの人は考えていることでしょう。そのせいか見合い結婚の割合は年々減少傾向にあり，近年においては結婚するカップルの約5%にすぎません。

昭和の時代までは，親が決めた家同士，あるいは家族に勧められて半ば強制的に結婚の話が進んだということもありました。しかしながら，現代における見合いは様変わりしていて，自分自身が望む条件をあらかじめ提示することが優先されています。また，お互いが結婚というゴールを望んでいるので，見合いをして嫌でなければ交際が始まり，その時点から相手との相性を見定めるということに専念できます。見合いで結婚する人たちも，少なくとも相手のことが嫌いというわけではないのです。つまり，見知らぬ男女が知り合うという点においては，SNSを利用した出会いと大差はありません。SNSでの出会いとの違いは，あらかじめ本人はもとより親も相手のことをある程度知っていますので，危険性があまりない点です。さらには，親が最初から間接的に介入していることから，2人が結婚を決意した場合，双方の親族が2人の結婚を祝福してくれることが特徴です。

近年における見合いは，顔を合わせれば必ず交際しなくてはならないという，強制的な面が小さくなっていることも特徴です。ある結婚相談所が行った調査（結婚相談所ノッツェ，2018）によると，離婚する割合は恋愛が見合いの約4倍にも上るとされています。その理由ですが，恋愛結婚が一時的な感情の高まりで結婚を決意するのに対し，見合い結婚ではじっくりと相手を見定めることからではないかと考えられます。近年では，見合い相手を親が探すという形態だけでなく，結婚相談所に自らが登録し出会いを求める人も少なくありません。

先に示した見合い結婚の割合の低さについてですが，実際のところは親が申込者ではなく本人が結婚相談所への申込みをして結婚に至っている人も相当数存在していて，その人たちが，恋愛結婚をしたと思い込んでいることも推測されています。

参 考 図 書

小林 裕・飛田 操（編著）（2000）．【教科書】社会心理学　北大路書房

中釜 洋子・野末 武義・布柴 靖枝・無藤 清子（編）（2019）．家族心理学——家族シ
　　ステムの発達と臨床的援助——　第2版　有斐閣

岡堂 哲雄（編）（1999）．家族心理学入門　補訂版　培風館

復 習 問 題

1. 対人魅力を形成する要因にはどのようなものがあるでしょうか。

2. 愛情には2種類あるとされていますが，それはどのようなものでしょうか。婚姻
生活を継続する観点から説明してください。

4

家族はどのように 発達するのか

> 　一人の人間が時とともに発達するのと同じく，家族もまた発達していきます。しかしながら現代では，さまざまな事情からその発達も簡単にはいかなくなっているようです。この章では，まず従来から提唱されている家族の発達のプロセスを学びます。さらに，家族の発達をこれまでとは違ったとらえ方をした研究についても触れます。最後に，ステップファミリーの実態と問題について考えていくことにしましょう。

4.1　家族の発達

4.1.1　従来から提唱されている家族の発達プロセス

　個人と同様に家族にも発達過程があります。家族のライフサイクルとして表4.1のように7つの発達課題が示されています（市村，2018）。この家族の発達課題を見てみると，いずれも現代の日本社会ではステージ1の発達課題を筆頭に，獲得していくのが非常に難しくなっているように思われます。

　表4.1に示されている家族のライフサイクルの初期のみを見てみると，まず第1ステージは「家からの巣立ち：原家族からの自己分化」となります。ここでは社会人として自立し，自分を育ててくれた家族からの分離が求められます。このステージをうまく乗り越えるためには，経済的に自分が安定する必要と，社会との接点を持ち，家族以外の重要な他者（仲間）とつながる必要があります。第2ステージは「結婚による両家族の結合：夫婦システムの形成。実家の親とのつきあい。子どもをもつ決心」です。これは，原家族から分化し，結婚

表 4.1　**家族のライフサイクル**（市村，2018）

ステージ	家族システムの発達課題	個人の発達課題	
		親世代	子ども世代 （第 2 世代）
1.　家からの巣立ち	原家族からの自己分化	親密性 vs 孤立 職業における自己確立	
2.　結婚による両家族の結合	夫婦システムの形成 実家の親とのつきあい 子どもをもつ決心	友人関係の再編成	
3.　子どもの出生から末子の小学校入学までの時期	親役割への適応 養育のためのシステム作り 実家との新しい関係の確立	世代性 vs 停滞	基本的信頼 vs 不信 自律性 vs 恥・疑惑 自主性 vs 罪悪感
4.　子どもが小学校に通う時期	親役割の変化への適応 子どもを包んだシステムの再調整 成員の個性化	世代性 vs 停滞	勤勉さ vs 劣等感
5.　思春期・青年期の子どもがいる時期	柔軟な家族境界 中年期の課題達成 祖父母世代の世話		同一性確立 vs 同一性拡散
6.　子どもの巣立ちとそれに続く時期 家族の回帰期	夫婦システムの再編成 成人した子どもとの関係 祖父母世代の老化・死への対処		親密性 vs 孤立 （家族ライフサイクルの第 1 段階）
7.　老年期の家族の時期 家族の交替期	第 2 世代（子世代）に中心的な役割を譲る 老年の知恵と経験を包含	結合 vs 絶望 配偶者・友人の喪失 自分の死への準備	

子どもがいる家族のライフサイクルに焦点を当て，個人の発達課題を説明するエリクソンの漸成理論と併せて，家族システムの発達課題の各段階について説明しているものである。

というライフコースを歩むステージです。しかし，ここまでの章でも見てきたように，結婚形態も多様化し，そもそも結婚を選択しない若者も増えているのが実状です。

4.1.2　家族の発達プロセスの新しいとらえ方
　ここでは，関係性の発達の視点から家族の発達プロセスを紹介します。図

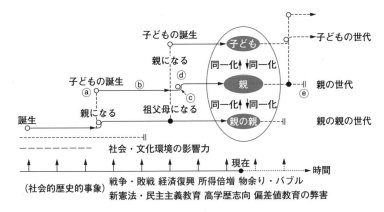

図 4.1　**世代間リサイクルの概念図**（鯨岡, 2002）

図 4.2　**世代間リサイクルのイメージ**（鯨岡, 2002 を参考に作成）

4.1 は鯨岡（2002）が紹介している世代間リサイクルと称する家族の発達を関係性の視点からとらえた概念図です。

　鯨岡（2002）は，〈育てられる者〉である子どもは，未来の〈育てる者〉であり，また〈育てる者〉である養育者は，かつてはみな〈育てられる者〉であったととらえます。そして，子どもと養育者の「育てる―育てられる」という関係が，世代から世代へと引き継がれてリサイクルしていく性質を持つと述

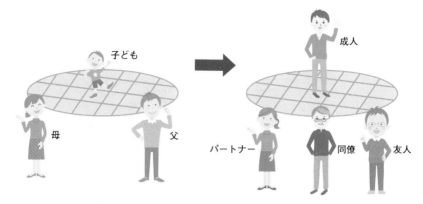

図4.3　関係から関係の移行のイメージ（浜田，2012を参考に作成）

べています（図4.2）。この視点に立てば，右肩上がりの発達曲線のように家族が発達するのではなく，次世代へのバトンタッチのように家族が発達するイメージをつかむことができ，生涯全体が視野に入りやすくなるともいえます。

　浜田（2012）は子どもが巣立つということについて次のように述べています。「人は独りでは立てないのです。人は家族を軸にした関係の網の目のなかに生まれ，それに支えられて育ち，やがてそこを離れていく時，その先にもう一つの関係の網の目を張りめぐらしながら，生活の世界を広げていかなければなりません。巣立ちとはじつはこの関係から関係の移行のことなのです」（下線筆者）。関係の移行のイメージを図4.3に示しました。浜田（2012）と鯨岡（2002）の考え方は似通っているといえるでしょう。

4.2　ステップファミリー

4.2.1　ステップファミリーとは

　日本でステップファミリーを支援する団体の中でもっとも大きいステップファミリー・アソシエーション・オブ・ジャパン（SAJ）によると，ステップファミリーとは「親の再婚あるいは親のパートナー（継母・継父）との生活を経験する子どものいる家族」と定義されています。ステップとは英語で「継関係」という意味を持ちます。夫婦のどちらかあるいは双方が，前の配偶者との

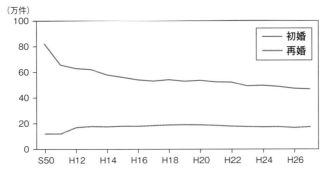

図 4.4　**初婚と再婚の件数の推移**（厚生労働省，2017 より作成）

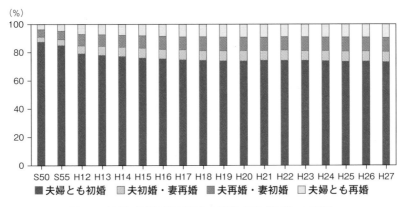

図 4.5　**初婚・再婚の種別割合の推移**（厚生労働省，2017）

子どもを連れて再婚したときに誕生する家族を表します。

　厚生労働省の婚姻に関する統計を見てみると，昭和 50（1975）年の総婚姻数は 94 万 1,628 件でしたが，平成 27（2015）年には 63 万 5,156 件と激減しています。図 4.4 は厚生労働省の統計をもとに筆者が作成した初婚と再婚の件数の推移です。初婚の件数は昭和 50 年から 55 年の間に大幅に減少し，その後も緩やかに減少しています。再婚の件数については，平成 12 年あたりまでは増加傾向となっていましたが，近年はおおむね横ばい状態となっています。

　初婚・再婚の構成割合については，「夫婦とも再婚またはどちらか一方が再婚」は上昇傾向にあり，平成 17（2005）年には 25％を超え，平成 27（2015）年には 26.8％となっています（図 4.5）。このように，婚姻件数のうち，再婚

の占める割合は増加傾向にあるといえます。

4.2.2　ステップファミリーに関する調査・研究

　日本では，離婚・再婚が子どもに及ぼす影響などについての研究は，アメリカに比べるとほとんど手がつけられていないのが現状です。その理由としてステップファミリーに関する研究を行っている野沢（2008 a）は，人口動態統計などの統計資料では，未成年子の親の再婚によって形成された（狭義の）ステップファミリー世帯の総数などの基本情報が把握されていないことや，全国的な調査においても世帯内の詳細な親子関係やきょうだい関係などの情報が収集されていないことを挙げています。

　また，研究の難しさについて野沢（2008 b）は，「ステップファミリー特有の家族関係形成の複雑さや継親（とりわけ継母）役割の難しさに直面するのは，たいていは結婚後共同生活が始まってからである。しかし，親や友人の反対を押し切って結婚したケースも多く，また当事者以外にはその悩みが理解されにくいため，周囲から情緒的なサポートが得にくい。一方，世帯構成など家族形態の面で標準家族と区別されにくいため，自らカミングアウトしない限りは同じ経験を持つ相手に出会うことも難しい」と述べています。確かに，当事者が自分の家族構成を説明しない限り，ステップファミリーであることは，他者にはわかりません。日本では，ステップファミリーが増加しているにもかかわらず，社会的には可視化されることなく，課題が取り扱われずに進んできたといえます。

4.2.3　ステップファミリーの問題とは

　小田切（2017）は，ステップファミリーで生じる問題として，子どものしつけや生活習慣などをめぐる問題を挙げています。一つひとつが小さな出来事でも，毎日の積み重ねにより，不満を募らせ，誰かに我慢を強いたり，対立を招いたりする危機があると述べています。小田切はまた，その際どのようなことに気をつけていけばよいのかについても言及しています（表4.2）。

　また，家族関係の成熟過程を示したステップファミリーの発達段階といわれ

●ミニレクチャー4.1　ステップファミリーに関するまちがった思い込み●

　新しく家族になろうとするとき，誰もが新しい生活に期待を持つことでしょう。しかし，それらの期待の中には現実的でないものもあるようです。

　ステップファミリー・アソシエーション・オブ・ジャパン（SAJ）では，ステップファミリーに関するまちがった思い込みとして，以下の10項目を提示しています。

Q1 一緒に暮らせば家族になれる。

Q2 初婚の家族と同じような親子関係・家族関係をめざすべきだ。

Q3 継子をすぐに愛することができる。子どもも，継親を親として認めるはずだ。

Q4 親の離婚・再婚を経験した子どもたちは，その後の人生でもずっと心理的な傷から回復できない。

Q5 「意地悪な継母」というおとぎ話にみられる悪いイメージは，現代のステップファミリーには何ら影響を与えていない。

Q6 離れて暮らすもうひとりの親に会わせないほうが，子どものためによい。

Q7 離別よりも死別のステップファミリーの方が楽である。

Q8 何を差し置いても継子を優先するべきだ。

Q9 継子が面会交流に来たときだけの継親役は，同居の継親よりも楽である。

Q10 再婚前から子どもと同居している親は，一貫して親でありつづけるので，ステップファミリーになっても子どもに対して特に気をつけることはない。

（SAJ ホームページより）

表4.2　**子どもと継親との関係・子どもと実親との関係**（小田切, 2017）

子どもと継親との関係
・子どもの継母または継父は，子どものしつけは実親にまかせ，実親のサポート役や相談役に徹し，子どもとの関係を時間をかけて作ったのちに，親役割を果たしたほうが良い。
・男性は自分のパートナーに母役割を期待し，継母自身も「母親なのだから」というプレッシャーに追い詰められることがある。余裕をもって子育てに取り組むように，周囲の理解が必要である。

子どもと実親との関係
・実親は，パートナーと実子との間に挟まれて悩みを抱えることがある。実子が新しい継親との間で反抗的な態度をとることもあり，しつけができていないと責められることもある。
・新しいパートナーに気を使い，実子に我慢を強いたり，継親への態度を改めるように厳しく当たってしまうことがある。
・実親と実子，実子と継親，パートナー同士の間でストレスを抱え，虐待や子どもの問題行動が生じることもある。
・実親が実子とだけで過ごす時間を持ち，両者の関係を大切にすることが必要である。

表4.3 ステップファミリーの発達段階 (SAJ ホームページより)

---

1. 夢と希望に満ちている時期

自分たちの新しい暮らしについて，現実的ではない期待を持つ。

2. 何かがおかしいと感じ始める時期

自分たちで作り上げた期待のパターンを固持しようと相当の努力を重ねる。しかし，居心地の悪さを感じ始める。これは，特に継母に関してしばしばみられる。

3. はっきりと現実に気づく時期

自分たちの考えていた理想の家族になることが難しいと実感し始める。実親の緊張は高まり，継親のニーズと子どものニーズのバランスをとることが苦痛になる。継親は家族に変化が必要だと気付くようになり，実親は子どもとパートナーの間で板挟みになることがある。

⇒ステップファミリー関連の書籍に触れ，ステップファミリーの方とコミュニケーションをとることが重要。

4. 変動の時期

ストレスが高まる時期，血縁同士で家族が分裂や対立を生じることがある。

⇒お互いを理解すること，夫婦関係を改善する時間を持つ努力をすることが重要。

5. 行動の時期

夫婦は家族のジレンマを「チーム」として解決できるようになり，子どものニーズを満たして子どもをかわいがれるようになる。新しいステップ親子の関係が発達していく。

⇒多くの家族がこの時期に外部との接触を図る。

6. 関係が深まる時期

実親と継親はともに物事を行うことを快適に感じるようになり，継親子の関係は強固になり，落ち着いた親密さを高めていく。

7. 連帯達成の時期

家族関係は強固になり，家族のメンバーは新しい家族に属しているという感じを持つ。問題に対処する快適な安定を保つ。

るものがあります。先に紹介したステップファミリー・アソシエーション・オブ・ジャパン (SAJ) は，ステップファミリーの発達段階として，アメリカの著名なステップファミリー研究者のペーパーナウが提唱した7つの段階を紹介しています（表4.3に内容を簡略化したものを記載します）。ペーパーナウは，すべてのステップファミリーがこの発達段階を通るわけではないとした上で，重要なことは「沸き起こる感情と状況そのものである」と述べています。時として負の感情が沸き起こり，こんなはずではなかったと落胆するような状況を打破するための鍵となるのは，同じ経験を持つ人と感情を共有し情報交換をす

コラム 4.1　社会的養護

【子どもたちの受け入れ先】

　児童を家庭から分離し，家庭に代わって代替養育を行う場所は以下の 4 つがあります。
①里親家庭
②ファミリーホーム
③児童養護施設
④乳児院
　図 4.6 は子どもたちがどの養育場所に措置されているのかの推移を表したものです。わずかながら，里親の委託率が上昇していることがわかります（厚生労働省資料）。里親制度とは，家庭的な環境のもとで子どもの愛着関係を形成し，養護を行うことができる制度です。

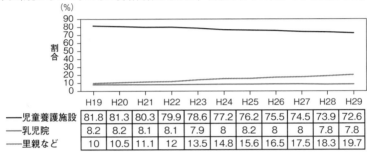

	H19	H20	H21	H22	H23	H24	H25	H26	H27	H28	H29
児童養護施設	81.8	81.3	80.3	79.9	78.6	77.2	76.2	75.5	74.5	73.9	72.6
乳児院	8.2	8.2	8.1	8.1	7.9	8	8.2	8	8	7.8	7.8
里親など	10	10.5	11.1	12	13.5	14.8	15.6	16.5	17.5	18.3	19.7

図 4.6　里親等委託率の推移（日本財団，2018）

【都道府県市別里親等委託率の差】

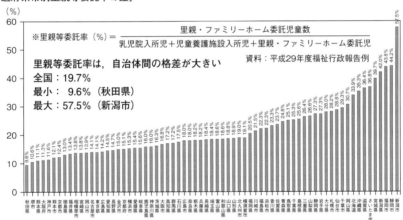

※里親等委託率（%）＝ $\dfrac{\text{里親・ファミリーホーム委託児童数}}{\text{乳児院入所児＋児童養護施設入所児＋里親・ファミリーホーム委託児}}$

資料：平成29年度福祉行政報告例

里親等委託率は，自治体間の格差が大きい
全国：19.7%
最小：　9.6%（秋田県）
最大：57.5%（新潟市）

図 4.7　都道府県市別の里親等委託率の差（69 都道府県市別里親等委託率（平成 29 年度末））
（厚生労働省子ども家庭局家庭福祉課，2018）

　わが国の里親等委託率はあまり高いとはいえない水準にとどまっていますが，自治体によって大きな差があります。委託率を大きく伸ばした自治体ではさまざまな取組みが行われています。

るなどして，視野を広く持つことではないでしょうか。

　もう一つの視点として，継親の構え方にヒントがあるように思います。野沢・菊地（2010）は，ステップファミリーの若年成人子へのインタビューから，継親と継子のいずれの立場から見ても，関係の歴史の浅い大人が「親」（のような存在）として急に関わろうとするところに継親子関係特有の難しさがあると述べています。さらに野沢・菊地（2014）は継子の語りの中から，「継親になったら親になる以外はないという前提を外す」という発想の必要性を唱えています。このように，既成の親イメージからの脱却，ステップファミリーならではの親の継子へのアプローチの仕方が必要なのかもしれません。

●ミニレクチャー 4.2　ファミリーホーム●

　社会的養護の一つとしてファミリーホームがあります。これは小規模住居型児童養育事業という厚生労働省の事業で，生活の場を提供する施設事業です。平成21（2009）年度に創設され，養育者の住居で子どもたちと暮らす点においては，里親と一緒ですが，児童5〜6人が一緒に暮らす点が特色です。厚生労働省の資料によると，家庭養育を促進するため，要保護児童に対し，「児童間の相互作用を活かしつつ，児童の自主性を尊重し，基本的な生活習慣を確立するとともに，豊かな人間性及び社会性を養い，児童の自立を支援することを目指している」とあります。

　厚生労働省の発表では，平成29（2017）年3月において全国で347カ所，1,434人がファミリーホームで暮らしています。

●ミニレクチャー 4.3　普通養子縁組と特別養子縁組 ●

　養子縁組とは，親子関係のない者同士に，法律上の親子関係を創設する制度です。日本の養子縁組には，普通養子縁組と特別養子縁組の２種類があります（図 4.8）。

特別養子縁組制度（昭和 62 年度民法改正により導入，令和２年再改正）
● 専ら養子となる子の利益を図るための制度で，家庭に恵まれない子に温かい家庭を与えて，その健全な育成を図ることが目的。 ● 特別養子縁組が成立すると実父母との親子関係が終了する点や，原則として離縁をすることができない点で，普通養子縁組とは異なる。

	普通養子	特別養子
対象者	養親：成年に達した者。 養子：養親の尊属でない者又は養親より年長者でない者。	養親：夫婦（一方が 25 歳以上，他方は 20 歳以上） 養子：15 歳未満の者（15 歳に達する前から引き続き養親となる者に監護されている場合で，やむを得ない事情により 15 歳までに申立てできない場合は 15 歳以上でも可）
主な要件	①家庭裁判所の許可。 ②養親となる者に配偶者がいる場合には夫婦で縁組すること。 【以上は養子となる者が未成年者の場合】 ③縁組の届出。	①原則として養子となる者の実父母の同意。 ②養子となる者が審判時に 15 歳以上のときは本人の同意。 ③実父母による養子となる者の監護が著しく困難又は不適当であることその他特別の事情がある場合において，子の利益のため特に必要があると認められること。 ④養親となる者の６か月間以上の試験養育。 ⑤家庭裁判所の審判。 ⑥審判確定時に 18 歳未満。
効果	養子と実方との親族関係は終了しない。（子が未成年の場合には，養親が親権を行使する） 養子の戸籍には実父母に加えて養父母が記載される。	養子と実方との親族関係は終了する。 養親の戸籍には，「父」「母」として養親が記載される。
成立件数	８万件弱（平成 28 年度戸籍統計）。 ※成年養子も含む件数。	約 500 件（平成 28 年度司法統計）。 例年 500 件前後で推移。

図 4.8　**普通養子縁組と特別養子縁組について**（法務省ホームページより改変）

　特別養子縁組は，子の福祉を積極的に確保する観点から成立した制度ですが，令和２（2020）年４月１日から法律が改正され，制度が変わりました。まず，養子となる子どもの年齢です。改正前は原則６歳未満とされていましたが，改正後は原則 15 歳未満となりました。この改正により，児童養護施設などに入所する児童らにも養子縁組の機会が与えられます。さらに，特別養子縁組の裁判手続きの合理化も図られました。改正前は養親候補が自ら審判の申立てを行う必要がありましたが，改正後は児童相談所長が申立てを行うことができるようになりました。また，改正前は実親が特別養子縁組に同意したものの，いつでも撤回ができることになっていましたが，改正後は，実親がした特別養子縁組の同意の撤回はできなくなりました。

●ミニレクチャー4.4　**特別養子縁組の現状**●

　ミニレクチャー4.3において，特別養子縁組について紹介しました。図4.9では，日本の特別養子縁組の成立件数の推移を示しました。平成24年までは横ばいですが，その後ここ数年で増加していることがわかります。

　しかし，国別の人口10万人あたりの特別養子縁組成立件数のグラフを見てください（図4.10）。日本は他の先進諸国と比べて，圧倒的に成立件数が少ないことがわかります。

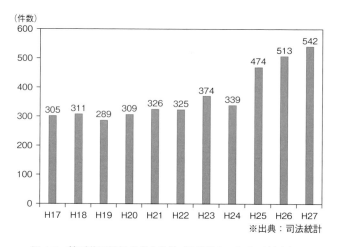

図4.9　**特別養子縁組の成立件数**（法務省ホームページより）

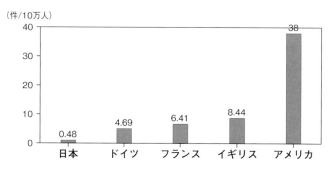

図4.10　**人口10万人あたりの特別養子縁組成立件数**（厚生労働省，2016より作成）

参 考 図 書

鯨岡 峻（2002）.〈育てられる者〉から〈育てる者〉へ──関係発達の視点から──
　　NHK 出版

浜田 寿美男（2012）.子どもが巣立つということ──この時代の難しさのなかで──
　　ジャパンマシニスト社

復 習 問 題

1. 関係発達の視点に立った世代間リサイクルの考え方について感想を述べましょう。
2. ステップファミリーの抱える難しさについて自分なりに考えましょう。

第 5 章

家族関係の中でどのような 問題が生じるのか

> ここまで見たように，日本の家族をめぐる状況は変化し，さまざまな問題を抱えています。その根底には少子化，つまりきょうだいの人数が少なくなっていることが挙げられます。本章では，日本のきょうだいに関する実態を把握した上で，どのような事柄が注目を集めているのかを見ていくこととします。また，親子関係の変遷についても焦点を当て，家族の絆の崩壊といった現代社会の抱える問題についても考えてみましょう。

5.1　きょうだいについて

5.1.1　ひとりっ子の増加

　少子化の問題は，きょうだいの問題にも影響を及ぼします。まず，子どものいる世帯はどのように変化し，きょうだいの人数構成はどのようになっているのでしょうか。図 5.1 は厚生労働省の国民生活基礎調査（厚生労働省，2017）の結果です。児童のいる世帯といない世帯を合算した児童数の年次推移を見ると，児童のいない世帯が平成元（1989）年には 58.3％でしたが，平成 29（2017）年には 76.7％に増加しています。さらに，児童のいる世帯の平均児童数は平成元年から平成 28（2016）年までに，1.81 人から 1.69 人へと下降を続け，平成 29 年に 1.71 人と若干の上昇を見せています（図 5.2）。

　また，児童のいる世帯のきょうだい構成を見てみると，子どもが 3 人以上いる世帯は減り続け，ひとりっ子が増加していることがわかります（図 5.3）。このようなデータを概観すると，現代では，きょうだい関係を体験できるのは

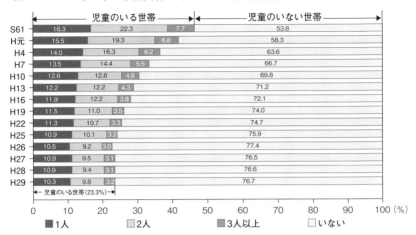

注 1：平成 7 年の数値は，兵庫県を除いたものである。
注 2：平成 28 年の数値は，熊本県を除いたものである。

図 5.1　児童の有（児童数）無の年次推移（厚生労働省，2017）

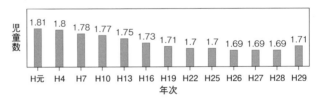

図 5.2　児童のいる世帯の平均児童数（厚生労働省，2017）

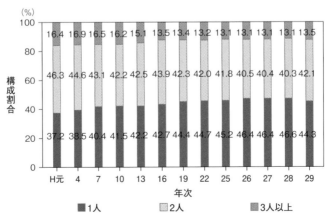

図 5.3　児童のいる世帯のきょうだい構成（厚生労働省，2017）

子どもがいる世帯の半数強ということになります。

5.1.2 きょうだいと社会的スキル

　高橋（2009）は，小学生3，4年生117名を対象に，きょうだい経験の有無と社会的スキルについて調査を行っています。児童用社会スキル尺度を実施し，分析を行ったところ，ひとりっ子はきょうだいありの小学生に比べて，消極的攻撃性得点（例：友だちを困らせてもあまり悪いと思わない。まちがいがあっても素直に謝らない。）と積極的攻撃性得点（例：ゲームのルールを守らない。人の邪魔をする。）が有意に高いことがわかりました。また，社会スキル得点（例：困っている友だちを助けてあげる。悲しそうにしている友だちを励ましてあげる。）はひとりっ子の小学生のほうが低い傾向にあることがわかりました。

　また，社会スキル得点ではきょうだいの性別によっても結果が異なり，もっとも社会的スキル得点が高かったのが，「女子＋きょうだいあり」，続いて「女子＋ひとりっ子」，3位が「男子＋きょうだいあり」，最下位が「男子＋ひとりっ子」でした。社会的スキルは性別による差があることもわかりました。

　さらに，性別ときょうだい構成（きょうだいの性別・上または下）の組合せによる特徴を検討したところ，表5.1のような結果が得られました。

表5.1　**性別ときょうだい構成の組合せによる特徴**（高橋，2009）

・兄のいない男児は，兄のいない女児に比べて適切な社会的スキルが低い。 ・弟のいない男児は，弟のいない女児に比べて適切な社会的スキルが低い。 ・妹のいない男児は，妹のいない女児に比べて積極的攻撃性，消極的攻撃性ともに高い。
⇒男児の場合，同性きょうだいがいないと適切な社会的スキルが低く，異性きょうだいでは妹がいない場合に攻撃性が高い。
・姉のいる女児は，姉のいない男児に比べて積極的攻撃性および消極的攻撃性が低い。 ・妹のいる女児は，妹のいない男児に比べて適切な社会的スキルが高い。
⇒女児の場合，姉の存在は攻撃性の抑制に，妹の存在は適切な社会的スキルにつながっている。

コラム 5.1　きょうだい関係とおしゃれ

　きょうだいがいると，さまざまな事柄に関してお互いに影響を与え合います。市川（2010）は，きょうだい数，きょうだい構成，出生順位とおしゃれとの関係について質問紙調査を行っています。対象者は小学 3 年生から中学 3 年生までの男女1,062 名で，質問項目は以下の通りでした。

【質問】

- 自分・友だちの着ている服への関心度
- 自他の服などおしゃれへの関心度
- 服や持ち物などおしゃれに関する情報要求程度
- おしゃれに関する雑誌を読む程度
- 自分・友だちの筆記具への関心度
- おしゃれについて話す頻度
- ファッション雑誌に載っていることを取り入れる程度
- 流行への関心度
- ブランド物への関心度

　結果をまとめると，次のようになりました。

1.　ひとりっ子は，おしゃれに関する情報や流行への関心が高い。
2.　ひとりっ子と女―女きょうだいは男がいるきょうだいよりも，関心が高い。
3.　中学生では，女児次女のほうが女児長子に比べて，おしゃれに対して積極的な行動をする。

　さて，みなさんはいかがでしょうか。

5.1.3 ナナメの関係づくり

図5.4は，就学前の子どもたちが平日に誰と遊んでいるのかを調査した結果です。10年間で大きく変わったのは，母親が遊び相手になっている割合が大きく伸びていることです。これは，きょうだいが減っているため，母親がその代わりを務めていると考えられます。では，このような人間関係の現状は，子どもの発達にどのような影響を及ぼすのでしょうか。家族システムの観点からも，きょうだいがいることで，その相互関係から養われる力が，きょうだいがいない場合よりも豊富であることは想像できます。先にも見たように，きょうだいの有無は社会的スキルの発達にも影響を与えています。

現在，そのきょうだい間の関わりが減少することで，より必要とされているのが，異年齢の仲間関係である「ナナメの関係」です。たとえば，保育所の異年齢保育は，完結出生時数が3.6人であった1980年代から，その必要性が唱えられていたといいます（坪井，2017）。また，『保育所保育指針解説』（厚生労働省，2008）には，「異年齢の編成による保育では，自分より年下の子どもへのいたわりや思いやりの気持ちを感じたり，年下の子どもに対しての活動のモデルとしてあこがれを持ったりするなど，子どもたちが互いに育ちあうことが大切です。また，こうした異年齢の子ども同士による相互作用の中で，子どもは同一年齢の子ども同士の場合とは違った姿を見せることもあります」と記

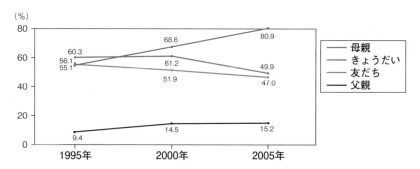

注1：複数回答（「その他」を含む9項目から当てはまるものをすべて選択）。
注2：図では9項目から4項目を選んで図示した。
注3：Benesse 教育研究開発センター「幼児の生活アンケート」の経年比較より作成。

図5.4　**平日の遊び相手**（ベネッセ教育研究開発センター，2005）

コラム 5.2　下の子が生まれるとき

　きょうだい葛藤は「カインコンプレックス」とも称され，両親の偏愛，きょうだいへの羨望と憎しみ，きょうだい殺しなどの同胞葛藤を意味しています。きょうだいは身近な存在であるために比較されることも多く，外の他者に対するよりも負の感情を含めた葛藤を抱きやすいといえます。

　特に長子にとって下の子どもの誕生は大きなライフイベントです。この「おにいちゃんになる」「おねえちゃんになる」という一大イベントは，多くの絵本でも取り上げられています。絵本を手がかりにこのライフイベントを親子で乗り切るのもすてきな方法です。

1. 『ぼくはおにいちゃん』小野 洋子・作　いもと ようこ・絵　佼成出版社
2. 『おねえさんになるひ』アンホルト，L.・文　アンホルト，C.・絵　吉上 恭太・訳　徳間書店
3. 『あたしいいこなの』井上 林子・作　岩崎書店
4. 『リサのいもうと』グットマン，A.・文　ハレンスレーベン，G.・絵　石津 ちひろ・訳　ブロンズ新社
5. 『ノンタンいもうといいな』キヨノ サチコ・作絵　偕成社

　子育て教室において15年間にわたり子どもと母親との関わりを観察してきた山上(2018) は，下の子どもの誕生が上の子どもに与える影響を詳細に記述しています。その中で，下の子どもが生まれたときの上の子どもの葛藤を「大きくなっていく誇りをかけて」と表現しています。

　大きくなっていくことは，「母親への直接的な抱きつきを卒業し，時には象徴的対象を杖にして（母親の乳房や膝の代わりに，毛布やタオル，ぬいぐるみなどを移行対象とすること），母親の視覚的確認や言葉かけを，母乳や身体接触と同様のエネルギー源にしていくということ」だと述べています。上の子は，自分が大きくなったという自信と，まだまだ甘えていたいという未練との間で，誇りをかけて健気に頑張っていると表現されています。

　また，第2子以降の母親からの分離は，第1子に比べて抵抗や緊張がそれほど目立たないと報告されています。すぐそばに育ちのモデルとなるきょうだいがいて，日常的に関わる経験が，下の子の育ちの励みになるのではないかと示唆しています。

載されています。少子化によるきょうだい関係の減少に対する取組みとして，異年齢保育や縦割り授業などの「ナナメの関係」が有効であり，今後ますます必要となってくると思われます。

5.2 親子関係の変遷

5.2.1 友だち親子

現代の日本では友だち親子といわれるフラットな親子関係が浸透しています。山登（2013）は，「友だち親子」の出現の歴史的背景に，高度経済成長期に都市部を中心に進んだ核家族化，少子化，親の高学歴化，富裕化，個人主義化が存在すると述べています。そして，土井（2014）はこの友だち親子に関して，「親と子が衝突しあわなくなったのはなぜだろうか」という疑問を呈しています。土井によると，世界青年意識調査では，1990年代に家族のことが悩みや心配ごとと回答する若者は減少していたのに，2000年代に入ると増加へと転じているそうです。また，友だちが悩みや心配ごとであると回答する若者も1990年代は減少していたのに，2000年代に入ると増加に転じているといいます。土井（2014）は，その原因の核には「不安」が介在すると考え，人間関係の自由度が増した結果，拘束する理由も消失し，人間関係を保証する基盤も揺らいできたと説明しています。

これらの友だち親子について，ヴィヒャルト（2009）は，一見よい親子関係に見えるが，親の機能が発揮されていない場合が少なくないと述べています。そして，「ほんとうの自立とは何か」と疑問を呈した上で，争い，衝突を好まぬ省エネ的平和主義，少子化，母親の家事や育児からの解放，大人と子どもの共通の趣味の増加などを背景に，これからも友だち親子は減ることはなさそうだと予測しています。

5.2.2 社会学から見た家族関係

近年，テレビ・新聞などのマスメディアで，リストラや離婚で社会や家族とのつながりを失い，誰にも看取られずに亡くなっていく「孤独死」が問題にさ

れることが多くなりました。また，「無縁社会」という言葉も使われ，日本社会で定着していた「地縁」「血縁」といった地域や家族・親族との絆が失われつつある現状が報告されるようにもなりました。では，日本ではこのように家族のつながりが本当に希薄になっているのでしょうか。

　柿本（2010）は社会学的視点から，「孤独死」「無縁社会」「高齢者の行方不明者問題」などの言葉が示すように，日本では家族間のつながりが希薄化し，家という集団枠そのものが消滅しつつあるようにも見えると述べています。社会という公的領域においては，各人は共同体を構成する権利と尊厳を持つ主体として，互いに対等な関係ですが，私的領域である家族内ではこの関係は成り立たない，つまり，家族内では，権利主体を持たない子どもや高齢者など，世代による不均衡な関係や，有償労働に携わる者との間に生じる非対称な関係があり，家族メンバーが対等な関係ではないとしています。このため，家族を構成する成員間のつながりは，家長を中心とした縦の関係となり，それ以外の横のつながり，たとえばきょうだいや姉妹のつながりについては，希薄にならざるを得ないと解説しています。

　このような現状から殺伐とした印象を受ける人も多いと思いますが，家族のつながりだけでなく家族の構造に変化が起きていると考えてもよいのかもしれません。

5.2.3　社会学的視点による家族の個人化

　社会学者の山田（2007）は，家族関係は長期的に信頼でき，いざとなったときに助け合える関係であると述べています。そして，経済的意味，情緒的意味の双方を含める形で，家族を「自分を心配してくれる存在」「自分を必要としてくれる存在」と定義しています。今，日本の社会では個人化が進み，信頼できる関係性が損なわれていき，それゆえに家族という存在がより必要とされるようになってきているといいます（目黒，2007；舩橋・宮本，2008）。

　社会的な関係が個人化すると，家族の中に帰属を求める力が強くなることはわかります。しかし，山田（2004）は家族も個人化していると述べています。これは一体どういう意味なのでしょうか。昨今，熟年離婚や死後離婚などと

いった家族問題について見聞きすることが増えてきました。これはつまり，家族を形成するのも自由，解消したり離脱したりすることも自由であることを示しています（山田は「家族の本質的個人化」と呼んでいます）。そして，家族自体が選択自由になったということは，家族の形成・維持が困難になるという問題を引き起こし，家族の存在理由が失われていく危機的な状況につながるといいます。これが家族の個人化現象です。

そして，家族の個人化は，常に，資源を持つ強者に有利で，弱者に不利に働きます。つまり，家族規範が弱体化して規範による抑圧がなくなる代わりに，勢力が弱いことによる抑圧が生起するということです。家族の枠内での個人化が進行すれば，「どのような家族形態を作るか」という点に関する家族間の勢力闘争が激化し，家族外勢力の家族への介入が深まり，本質的個人化を導くのです。その結果，①家族が不安定化し，リスクを伴ったものとなる，②階層化が進展し，社会の中で魅力や経済力によって選択の実現率に差が出る，③ナルシシズムが広がり，家族が道具化する，④幻想の中に家族が追いやられる，という4つの展開が想定されると警告しています。

5.2.4　メディアと家族関係

家族関係はさまざまな社会の要因によって移り変わっています。しかし，その移り変わりは，その時代を生きている私たちがリアルタイムに認識しているというよりは，マスメディアによる講評が私たちに認識させているといったほうが正しいのかもしれません。社会現象と家族関係は密接に関連し合い，推奨される家族の形も大きく変化しているように見えます。

しかし，たとえばメディアではよく1990年代は家庭の中で父親の存在が希薄になっていたと言われます。しかしそれを鵜呑みにしてもよいのでしょうか。陳（2013）は，その当時の父親像を対象とした研究の少なさを指摘するとともに，父親像を扱った研究と父親不在をめぐる研究においては，対照的な見解が見られると述べています。『父性の復権』（林，1996）を代表とした家族内の父親不在論は，この時代の日本の家族が抱える家庭内暴力，不登校，ひきこもりといった問題の背景として，絶大なる説得力をもって世間に受け入れられまし

高学歴重視 教育加熱	『素直な戦士たち』(1978) 城山 三郎 『家族ゲーム』(1982) 本間 洋平	教育ママの批判
家庭内暴力 不登校 ひきこもり	『父性の復権』(1996) 林 道義	父親に威厳を
母娘の友だち親子 (日本の特色)	『アダルト・チルドレンと家族――心のなか の子どもを癒す』(1996) 斎藤 学	両親の言う通り に生きてきた代償
イクメンブーム	『父親になる，父親をする――家族心理学 の視点から』(2011) 柏木 惠子 『新しいパパの教科書』(2013) ファザー リングジャパン	男性の育児参加
看取りに関する葛藤 距離の取り方？ 離脱？	『母が重くてたまらない――墓守娘の嘆き』 (2008) 信田 さよ子 『母は娘の人生を支配する――なぜ「母殺し」 は難しいのか』(2008) 斎藤 環	母親の呪縛

毒親って？

図 5.5　メディアと家族関係

た。しかし，陳（2013）は，当時の父親不在論に疑問を持ち，その時代を生き
た子ども側の目線から，一般の人々が抱いた父親像を分析し，父親不在論を再
検証する試みを行っています。結果として，父親は，近代家族に求められる父
親（扶養者としての父）としての責任を果たすことによって愛情を表現してい
るつもりでいるにもかかわらず，そのような父親の愛情は子どもには伝わりに
くく，近代家族が作り出した理想的な父親イメージ（扶養者としての父および
社会化の担い手としての父）に覆い隠されてしまっただけであるとし，当時の

父親不在論を否定しました。

　図5.5は，わが国の家族関係についてメディアで話題となった著書と，その時代の家族関係のトピックを取り上げたものです。『母が重くてたまらない』（信田，2008）や『母は娘の人生を支配する』（斎藤，2008）などのセンセーショナルなタイトルの家族研究は，家族関係において肯定的に解釈してきた密着した母娘関係を再考しなければならないほどの影響力を持つことになります。

　そして，現在は「毒親」というフレーズがメディアで取り上げられ，話題になっています。エビデンスに基づいているといわれる著書や報道であったとしても，受け手の私たちは，こういったブームには俯瞰的な視点を持ち，冷静に見ることも大切かもしれません。

参 考 図 書

小田切 紀子・野口 康彦・青木 聡（編著）（2017）．家族の心理──変わる家族の新しいかたち──　金剛出版
柏木 惠子（2011）．父親になる，父親をする──家族心理学の視点から──　岩波書店

復 習 問 題

1. 日本のきょうだい数はどのような推移をたどっているでしょうか。
2. 社会現象と家族関係についての話題から興味深いものを自分なりに取り上げて，関連する文献を講読してみましょう。

第 **6** 章

家族関係は社会にどのような影響を与えるのか

私たちは，家族の中で育ち，家族からさまざまな影響を受けています。そして，家族は，社会とのつながりの中にあり，社会からさまざまな影響を受けています。また，家族は，社会から一方的に影響を受けるばかりではなく，さまざまな形で社会に対して影響を与えています。この章では，家族関係が社会に与えるさまざまな影響について考えます。

6.1 社 会 化

6.1.1 家族関係の変化と地域社会

宮田（2007）は，著書『子ども・老人と性』の中で，日本の家族の歴史を概観しています。それによると，何度も飢饉に襲われた江戸時代後期など前近代社会では，子どもが労働力として重要な役割を果たしていました。また，7歳までの子どもは"神の子"として共同体の中で養育するという文化が根づいており，養子やもらい子，捨て子を含む，開放的な家族制度が存在していました。産みの親が子育ての全責任を負うのではなく，地域共同体が責任を持って育てるシステムが成立していました。しかし，明治期に入り，政策的に家族制度が導入されたことにより，血縁による親子関係が強調されるようになります。また，第2次世界大戦後には新憲法により明治期の家族制度が廃止され，民主主義と共に夫婦と子どもを中心とした家族形態が普及します。さらに，高度経済成長を迎えると転勤族が増加し，核家族化に拍車がかかり，地域共同体の機能が急速に衰え，家庭の密室化が高まっていきます。

　また，森岡・望月（1983）は，夫婦を中心とする現代家族への変化は，地域社会の形成を媒介していたものが，集落的家連合から，各種社会機関に変化し，家族機能の縮小が地域社会への関連の仕方に変化をもたらし，地元以外への通勤が一般的となることで，地元への帰属意識を低め，地元の商業機関への依存を小さくするなどの変化をもたらしたと述べています。

　このように，家族のあり方と地域社会のあり方は，相互に影響を与え合っています。

6.1.2　"社会化" とは

　"社会化" とは，個人が他者との相互作用の中で，生活する，あるいは，将来生活しようとする社会に，適切に参加することが可能になるような価値，知識，技能，行動などを習得する過程を意味します（渡辺，1988）。この過程は，生涯にわたって続くものです。しかし，価値観の多様化により，競合する社会システムのどれに焦点を置くか，どの社会システムに準拠するかで，社会への適応の仕方や見方に違いが生まれることになります。さらに，価値観の変動の激しい社会では，多様なものの中からどれを選択するかよりも，多様であることそのものへ適応するための過程が求められるようにもなります（渡辺，1992）。

6.1.3　日本人の社会化の過程

　土居（1975）は，エリクソンの発達段階を踏まえながら "甘え" の概念について説明しています。その中で，エリクソンの理論は自我から出発し，集団に至る道を発見するためのものであるが，甘えの理論は関係（集団）から出発して自我に至る道を発見するものだとしています。佐藤（1976）は，甘えることは，乳幼児の一つの社会化の課題であろうが，甘えの構造はその後の発達段階においても，それぞれ形を変えて，社会化の課題として継承されているのではないかと述べ，エリクソンの発達段階と甘えの関係をまとめています（表6.1）。乳幼児期の母子関係においては，母親に十分に甘えることができるということが非常に大切であり，母親が乳幼児と一体になるような「母性的」な行動をと

表 6.1 **日本人の社会化過程**（佐藤，1976）

発達段階	社会化の課題と失敗	心理・社会的様式	重要な対人関係の範囲
Ⅰ乳児期	無垢・甘え	甘える 純真・無垢の行動をする	母子関係
Ⅱ幼児期	素直・従順（わがまま）	甘えを表出する おとなと心理的に一体になる	家族集団
Ⅲ児童期	遠慮・恥（不躾）	甘えを抑える ウチ（身内）とソト（他人）を区別する	同輩集団 近隣集団
Ⅳ青年期	義理・儀礼（世間知らず）	甘えを制御する ソトの行動様式を学ぶ	職場集団 地域集団
Ⅴ成人期	人情・思いやり（身勝手）	他人の甘えを受け入れる ソトをウチに近づけることができる	職場集団 地域集団
Ⅵ老年期	円熟・老成（偏狭）	甘えを超克する ウチ・ソトにこだわらない	地域集団 家族集団

ることが子どもの社会化の土台として期待・尊重されます。また，幼児期においては，母親は上からの統制というよりも，母親が困るので，母親がこうしてほしいのでといった，母子の感情的一体化によって"しつけ"を行うことになります。核家族は，乳幼児期の甘えを満たすのには適切な構造となっています。しかし，児童期以降の，甘えを統制していくという社会化にとっては不適切な構造となっており，ソトの世界を代表する存在としての父親の役割が重要な意味を持つことになります（佐藤，1976）。

6.1.4 社会性の発達

　ピアジェ（Piaget, 1930）によると，子どもの善悪判断の基準は，"結果論的な判断"から，行動の意図や動機に注目した"動機論的な判断"へと発達し，また，親や教師などの権威者の判断を重視する"他律的な道徳観"から，相互の尊敬に基づいた判断を重視する"自律的な道徳観"へと発達します。

　コールバーグ（Kohlberg, 1969, 1971）は，道徳性の発達は，行動上の問題や道徳規範がどの程度内面化されているかではなく，なぜその規範に従うのか

についての意味づけや，規範を守ることがどのような意味を持つのかといった道徳判断の問題であると述べ，善悪判断を“正義（justice）”の観点から，3水準6段階の道徳性の発達段階説を提唱しています（表6.2）。“慣習以前の水準”は，罰と服従への志向のステージと，道具的・相対的志向のステージに分

表6.2　コールバーグによる道徳性の発達段階（Kohlberg, 1971）

水準1　慣習以前の水準
ステージ1　罰と服従への志向 行為の物理的結果は，結果の意味づけや価値に関わらず，良いか悪いかで決定される。罰を避けることや力に対する疑いのない敬意は，罰や権威に裏付けられた道徳的秩序によってではなく，それ自体に価値が置かれる。
ステージ2　道具的・相対的志向 正しい行為は，自分自身のニーズや時には他者のニーズを道具的に満たすものから成り立つ。人間関係は，市場での関係としてみられる。公平さ，互恵性，平等な分割といった要素はみられるが，それらは常に物理的・実際的な方法で解釈される。互恵性は，あなたがしてくれれば同じことをしてあげるというもので，忠誠心，感謝，公正というものではない。
水準2　慣習的水準
ステージ3　対人的一致・“良い子”への志向 良い行動とは，他者を喜ばせたり助けたりして称賛を得ることができる行動である。何が一般的で自然な行動なのかについてのステレオタイプ的イメージとよく一致する。行動は，しばしば意図により判断される。よくあろうとすることは，はじめて重要になる。良い存在であろうとすることで称賛を得る。
ステージ4　“法と秩序”志向 人は，権威，変わらないルール，社会秩序の維持に方向づけられる。正しい行動は，自身のために，義務を遂行すること，権威に尊敬を示すこと，与えられた社会的秩序を維持することである。
水準3　慣習以後の自律的・原理的水準
ステージ5　社会契約的遵法志向（一般に功利主義者的） 正しい行為は，基本的人権や大方の社会で吟味され同意された規準として定義されたものである。個人の価値や意見について相対主義への気づきと，コンセンサスに至る手続き規範を理解することへの対応がみられる。何が民主的に合意されているのかは別として，正しい行為は，個人の価値と意見による。結果は，法的観点から理解され，付加的に，社会的効用の合理的思考という言葉で変更の可能性が吟味される。法の適用外，自由な同意，契約は，義務の要素に結び付けられる。
ステージ6　普遍的な倫理-原理への志向 正義は，論理的網羅性，普遍性，一貫性を示す，自己選択された倫理原理に調和する意思決定により定義される。これらの原理は，抽象的で倫理的なものであり，十戒のような具体的なものではない。中心には，正義，互恵性，人権の平等，人の個人としての人間の尊厳を尊重するという普遍的原理がある。

けられます。"慣習的水準"は，対人的一致・"良い子"への志向のステージと，法と秩序への志向のステージに分けられます。また，"慣習以後の自律的・原理的水準"は，社会契約的遵法志向のステージと，普遍的な倫理-原理への志向のステージに分けられます。

　また，他者の立場に立って物事を考えられるかどうかを"社会的視点"といいますが，これを調整する能力を"社会的視点取得能力"といいます。セルマン（Selman, 1980, 1995）は，この能力の発達を5段階にまとめています（表6.3）。もっとも低いレベル0は，未分化な自己中心的視点にあるものです。レベル1は自他が分化しているものの未だ主観的な視点，レベル2は自他相互に異なる視点，レベル3は第三者的な視点，そして，最高のレベル4では一般化

表6.3　**セルマン（1995）による社会的視点取得の発達段階**（渡辺，2000）

レベル0　自己中心的役割取得	**3歳〜5歳**
自分の視点と他者の視点を区別することがむずかしい。同時に，他者の身体的特性を心理面と区別することがむずかしい。同じ状況でも，自分の見方と他者の見方が必ずしも同じでないことがあることに気づかない。	

レベル1　主観的役割取得	**6歳〜7歳**
自分の視点と他者の視点を区別して理解するが同時に関連づけすることができない。また，他者の意図と行動を区別して考えられるようになることから，行動が意図的かそうでないかを考慮するようにもなる。ただし，「他者が笑っていれば幸せだ」といった表面的な行動から感情を判断するところがある。	

レベル2　二人称相応的役割取得	**8歳〜11歳**
他者の視点に立って自分の思考や行動について内省できる。したがって，他者もそうすることができることがわかる。また，外見と自分だけが知る現実の自分という2つの層が存在することを理解し，社会的な交渉もそうした2層で営まれているがために，人の内省を正しく理解するのは限界があることを認識できるようになる。	

レベル3　三人称的相互役割取得	**12歳〜14歳**
自分と他者の視点の外，すなわち，第三者的視点をとることができるようになる。したがって，自分と他者の観点の外から，自分と他者の視点や相互作用を互いに調整し，考慮することができるようになる。	

レベル4　一般化された他者としての役割取得段階	**15歳〜18歳**
多様な視点が存在する状況で自分自身の視点を理解する。人のなかにある無意識の世界を理解する。互いの主観的視点がより深い，象徴的レベルで存在するものと概念化しているため，「言わなくても明らかな」といった深いところで共有された意味を認識する。	

された他者や"世間"といった視点から物事をとらえることができるようになります。

アイゼンバーグら（Eisenberg et al., 2006）は，「人のためになる意図された自発的行動」を"向社会的行動"と定義し，その発達について述べています。向社会的行動には，「状況の解釈と状況への注目」「動機づけと助力の意図」「意図と行動のリンク」という3つのプロセスが仮定されています。このうち，「状況の解釈と状況への注目」のプロセスにおいては，視点取得能力などの"社会認知的発達のレベル"や，親など周りの大人からのしつけを通した"社会化の経験"，そして，要求の明確さなどの"状況の認知"が大きく影響しています。

家族関係と非行の問題

6.2.1　非行などの現状

ここで，令和元年版の「犯罪白書」（法務省，2019）から，最近の少年事件について見てみます。犯罪や非行の問題が社会に与える影響には大きなものがあります。図6.1は，成人と少年について，殺人，傷害，窃盗など刑法に規定されている罪で検挙・補導された人員と人口10万人当たりの人口比の推移を示したものです。少年の検挙・補導人員は，昭和58（1983）年には31万7,438人で一つのピークが見られましたが，以後はおおむね減少が続いており，平成30（2018）年には3万458人となっています。

次に，図6.2は，少年による家庭内暴力の認知件数の推移を示したものです。家庭内暴力は，平成19（2007）年以後，おおむね毎年増加しており，平成30年には3,365件（前年比12.3％増）となっています。内訳を見ると，中学生や小学生の増加が目立っています。また，家庭内暴力の対象を見ると，平成30年では，母親（60.7％），家財道具等（25.1％），父親（10.1％），兄弟姉妹（8.9％），同居の親族（4.6％）となっています。

また，図6.3は，不登校，いじめ，非行（刑法犯）の人口1,000人当たりの発生率を1つのグラフにまとめたものです。いじめに関しては，平成24

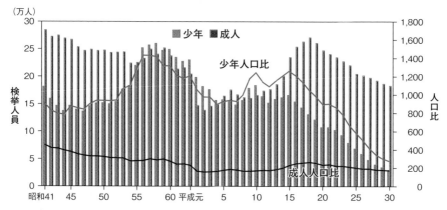

注1：警察庁の統計，警察庁交通局の資料及び総務省統計局の人口資料による。
注2：犯行時の年齢による。ただし，検挙時に20歳以上であった者は，成人として計上している。
注3：触法少年の補導人員を含む。
注4：「少年人口比」は，10歳以上の少年10万人当たりの，「成人人口比」は，成人10万人当た
りの，それぞれの検挙人員である。
注5：平成14年から26年は，危険運転致死傷を含む。

図6.1　刑法犯検挙人員の推移（法務省，2019）

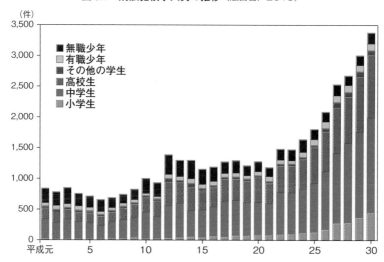

注1：警察庁生活安全局の資料による。
注2：犯行時の就学・就労状況による。
注3：一つの事件に複数の者が関与している場合は，主たる関与者の就学・就労状況について計上
している。
注4：「その他の学生」は，浪人生等である。

図6.2　少年による家庭内暴力事件の認知件数推移（法務省，2019）

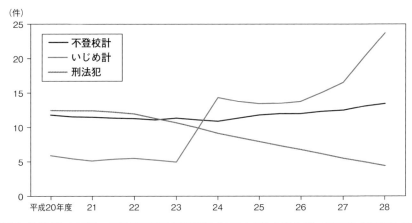

図 6.3　**不登校，いじめ，刑法犯の発生率の推移（人口 1,000 人当たり）**（法務省（2019）および文部科学省初等中等局児童生徒課（2018）から作成）

（2012）年に文部科学省が報告のあり方を改めたため前年に比べて大幅に発生率が多くなっていますが，その後，近年は増加が著しくなっています。不登校の発生率も徐々に増加しています。

6.2.2　家族関係と道徳性の発達

　法律や社会規範・ルールからの逸脱行為は，"社会化"の問題と深くつながっています。松井（2003）は，親との心理的距離の違いが，非行に対する態度や価値観，考え方・生き方など，広い意味での道徳性に与える影響について，日本・アメリカ・トルコの3カ国で中高生を対象に調べています。その結果，文化を越えて，親子の心理的距離が近いことが，非行に対して許容的でなく，道徳意識が高く，愛他的で，将来志向的であることと関連していることを見出しています。

　また，岡田（2001）は，小学6年生の男女を対象に，食事中に親子でどのような会話がなされているのかを調査しています。母親との会話を，「社会と結び付ける」「道徳性の発達を促す」「文化や知識の伝達」「家族の価値を体現」「自身の存在を意識」「親の愛情を感じさせる」に分類して検討したところ，母親との会話は，どちらかというと愛情表現の手段であり，母子関係を円滑にす

るために使われる傾向のあることを見出しています。また，子どもがとらえる
会話の内容を因子分析した結果，「子ども自身に関する会話」「子どもの周辺に
関する会話」「道徳に関する会話」の因子が見出され，子どもは道徳に関する
話を他の会話とは違うものとして認識していることを示唆しています。そして，
子どもの社会化の根底となるべき愛情が会話の中で保たれていることは意義が
あり，今後も食卓での会話のあり方が教育的な面で重視されると述べています。

6.2.3 非行の保護・抑止因子としての家族関係

　小林（2003）は，全国 92 地域のおおむね 1 万人の中学生とその保護者を対
象に，過去 1 年間の不良行為への関与と，親子の結びつきや，地域活動への参
加の程度などを調査しています。その結果，親との結びつきの強い男子中学生
は，地域における働きかけの多い少ないに関わらず非行を行う可能性は低く，
親との結びつきが弱い男子中学生は，地域の大人の働きかけが非行抑止因とし
て働いていることを示しています。また，男女共に，子ども自身が地域活動へ
の参加が多いほど非行への関与は少なく，特に「公園の掃除」や「植栽」など
地域をきれいにする活動は不良行為や非行と一貫して負の相関があることを見
出しています。加えて，保護者の各地域活動への参加が多いほど，子の非行へ
の関与は少なくなり，もっとも一貫していたのは，「清掃活動，慰問などの社
会奉仕活動」であることを見出しています。

　小保方・無藤（2005）は，中学生 1,632 人を対象に，喫煙，怠学，飲酒，夜
遊び，万引き，自転車盗といった非行化傾向の規定要因と抑止要因を検討して
います。その結果，規定要因としては，低学年ほど親子関係の影響が大きく，
高学年ほど子ども自身のセルフコントロールの影響が大きくなることを見出し
ています。また，中学 2 年女子では，親子関係よりも友人関係のほうが非行化
傾向行為に影響しているものの，受験期にある中学 3 年女子では友人関係より
も親子関係の影響が強くなる結果となっています。一方，抑止要因に関しては，
友人が非行傾向行為をしていても自身はしていないものは，セルフコントロー
ルが高く，親子関係も親密であることを見出しています。また，小保方・無藤
（2006）は，夏休みを挟んで非行傾向行為を開始する中学生が，その開始前に

どのような特徴が見られるのかを調査しています。その結果，非行化傾向行為を開始した中学生は，それ以前に非行化傾向行為をしていた中学生と同様に，非行化傾向行為のない中学生に比べ，より母親との関係が親密でなく，家庭における暴力が多く，親による子どもの監督が少ないという結果が得られています。

6.3　家族とその他の問題

6.3.1　不登校と家族関係

　酒井ら（2002）は，中学生 270 人とその両親を対象に，親および親友との信頼関係と学校適応の関連を調べています。その結果，親子相互の信頼感において，子の学校適応に影響を与えるのは，子が親に対して抱く信頼感で，親が子に抱く信頼感には関連は見られませんでした。また，子が母に対して抱く信頼感だけでなく，父に対して抱く信頼感も学校適応に重要な役割を担っていることが示されました。総じて，親子相互に信頼し合っている群では学校適応がほぼ良好でしたが，相互不信群では子が教室での孤立感や反社会的傾向が強いことが示されました。そして，親子相互不信群では，親友との信頼関係が「孤立傾向」や「教室でのリラックスした気分」において学校適応をよくする防御要因となるものの，「反社会的傾向」得点をより高めてしまう促進要因となり得ることを示しています。

　また，五十嵐・萩原（2004）は，480 人の中学生を対象に，不登校傾向と幼少期の愛着の関連を調べています。不登校を，「別室登校を希望する不登校傾向」（別室型），「在宅を希望する不登校傾向」（在宅型），「遊び・非行に関する不登校傾向」（遊び・非行型）に分け，父母との愛着のタイプとの関連を見ています。結果は，別室型は，主に母親の「安心・依存」や「不信・拒否」と関連しており，在宅型は，「分離不安」と強く関連していました。また，男女で異なった影響も見られ，女子では幼少期の母への愛着がアンビバレントな型である場合や，父母間の愛着にずれが生じている場合には不登校傾向が強まる傾向が見られ，女子は家庭内の情緒的な不安傾向への感受性が強く，不登校傾向を

示しやすいことがわかりました。一方，男子では，在宅型の特徴を示すものが多く，幼少期の父母双方に対する愛着の「不信・拒否」と関連があることが特徴的で，青年期以降の社会的ひきこもりに見られる状況と一致していることが見出されました。ただ，相関係数は全体的に低く，親子関係のみで不登校が左右されるわけではありません。

6.3.2　摂食障害と家族関係

摂食障害に関与する要因としては，遺伝や素因などの生物的要因や文化社会的背景などの要因が指摘されていますが，生活・家族環境的な要因についてもしばしば検討されています。大場ら（2002）がまとめているところによると，「子どもの分離・個体化を阻む強要された家族一体感」（Selvini-Palazzoli, 1978），「密着・硬直・過保護・葛藤回避の慢性的な家族構造」（Minuchin et al., 1978）や，「親子の接触の少なさ，両親の争い，親から子への批判や過度の期待あるいは無関心」（Fairburn et al., 1997）などが挙げられています。また，大場ら（2002）は，摂食障害の女性患者73人と女子大学生92人を対象に調査し，患者の先行体験や親の養育態度との関連を面接で調べています。その結果，患者群では，「母親に甘えられずさびしい」「父親との接点が乏しい」という項目が危険因子として抽出されました。また，むちゃ食いを伴う群においては，「両親間の不和」「両親の別居・離婚」といった先行体験の項目も抽出され，親と引き離される体験そのものよりも，離別期間に生じる家庭内の混乱・精神的葛藤などで引き起こされる家庭内のストレス状況への対処行動としての意味を持つのではないかとしています。

6.4　ま　と　め

家族は，個人を社会化する役割の一端を担っており，その時々の個人と社会をつないでいます。家族のありようが，非行や不登校，摂食障害など，個人のさまざまな行動に影響し，ひいては社会に影響を与えます。家族関係は，個人の問題行動の原因にもなりますし，保護・抑止要因にもなります。しかし，家

族関係のみで非行や不登校がすべて説明されるわけではありません。また，家族関係と摂食障害の関連についても，必ずしも一貫した結果が得られているわけではありません。今後，家族関係という視点を基本にしながらも，加味できるさまざまな要因の影響について検討していくことが必要でしょう。

参 考 図 書

生島 浩（2016）．非行臨床における家族支援　遠見書房

廣井 亮一（編）（2015）．家裁調査官が見た現代の非行と家族——司法臨床の現場か
　　ら——　創元社

復 習 問 題

1．家族関係が影響していると考えられる社会問題には，本文で触れられている他にどのようなものがあるでしょうか。

2．あなたとあなたの親の世代とでは，“家族”の役割や受け止め方に違いがあるでしょうか？

コラム 6.1 「よい子」が突然切れる現象

　大河原（2006）は，いわゆる「よい子」が突然切れる現象について試論を述べています。

　感情は，最初は身体を流れる混沌としたエネルギーにすぎませんが，言葉とつながることによって他者と共有できるものになります。これを「感情の社会化」といいます。ポジティブな感情は，受け入れられやすく，自然に社会化されます。しかし，ネガティブな感情は，親にとっての「よい子」，あるいは他者から見ての「よい子」を求める親子関係においては承認してもらえず，むしろ，その表出を何らかの形で罰せられることとなり，言葉と結びついて社会化される機会を失っていきます。

　激しいネガティブな感情は極めて身体的なものですが，その身体の中からわき上がってくるエネルギーとしての感情を感じなくするということは，身体感覚を“解離”させることにもなります。健康な状態では，感情の非言語的表出は，通常は意識でコントロールすることはできませんが，解離という様式に適応している子どもは，感情を全く表情に出さないことができてしまいます。また，現実の世界では承認されないネガティブな感情を承認してもらえる場を求めて，ネットなど，匿名の非現実の世界に没頭し，そこでのみネガティブな感情を承認される経験を繰り返し，現実と非現実の区別を失い，解離による適応が促進されます。

　こうした中で歪みが昂じると，小さな問題として現れ始めますが，親自身が解離による適応形式を持っている場合には，「たいしたことではない」と，親自身が子どもの異変に気づくことができず，より大きく，重大な問題が発生してしまうことになります。これを防ぐためには，なるべく早い段階で，大人が，陽の当たる世界で子どものネガティブな感情をきちんと承認することが必要です。親は子どものネガティブな感情に向き合い，子どもがそういった感情を表出した場合には抱きしめ，不快な感情にさらされても安全だという体験を重ねることが重要です。

第 7 章

家庭でどのような
暴力が生じるのか

　この章では，家庭の中で生じる暴力的な行動について考えます。家庭は，安らぎが求められる場である一方，さまざまな暴力的な事象が生じる場でもあります。ここでは特に，配偶者間暴力（DV），子ども虐待，家庭内暴力の問題について考えます。

7.1　家族の間で生じる暴力

7.1.1　家族間で生じる暴力的事件の実態

　まずは，図7.1 を見てみましょう。これは，警察庁（2019）がまとめたものから，2018 年に検挙された殺人・殺人未遂事件について，被害者と被疑者の関係を見たものです。総数 819 件のうち，被害者が配偶者であったものが 153件（36.6％），親であったものが 114 件（13.9％），子であったものが 93 件（11.4％），兄弟姉妹であったものが 36 件（4.4％），その他の親族であったものが 22 件（2.7％）で，合計 418 件（51.0％）が親族関係の中で生じたものでした。また，図7.2 は，法務省（2019）の「犯罪白書」から，刑法犯の罪名別に，

図7.1　被害者との関係別にみた殺人・殺人未遂検挙数（警察庁，2019 より）

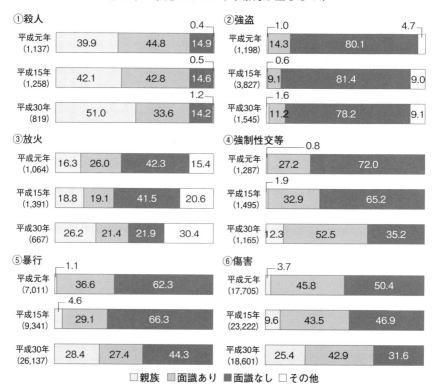

①殺人

平成元年 (1,137)	39.9	44.8	14.9	0.4
平成15年 (1,258)	42.1	42.8	14.6	0.5
平成30年 (819)	51.0	33.6	14.2	1.2

②強盗

平成元年 (1,198)	14.3	80.1	1.0	4.7
平成15年 (3,827)	9.1	81.4	0.6	9.0
平成30年 (1,545)	11.2	78.2	1.6	9.1

③放火

平成元年 (1,064)	16.3	26.0	42.3	15.4
平成15年 (1,391)	18.8	19.1	41.5	20.6
平成30年 (667)	26.2	21.4	21.9	30.4

④強制性交等

平成元年 (1,287)	27.2	72.0	0.8
平成15年 (1,495)	32.9	65.2	1.9
平成30年 (1,165)	12.3	52.5	35.2

⑤暴行

平成元年 (7,011)	36.6	62.3	1.1
平成15年 (9,341)	29.1	66.3	4.6
平成30年 (26,137)	28.4	27.4	44.3

⑥傷害

平成元年 (17,705)	45.8	50.4	3.7
平成15年 (23,222)	9.6	43.5	46.9
平成30年 (18,601)	25.4	42.9	31.6

□ 親族　■ 面識あり　■ 面識なし　□ その他

注1：警察庁の統計による。
注2：捜査の結果，犯罪が成立しないこと又は訴訟条件・処罰条件を欠くことが確認された事件を
　　　除く。
注3：「その他」は，被害者が法人その他の団体である場合及び被害者がない場合である（殺人の
　　　「その他」は，全て殺人予備におけるものである）。
注4：「強制性交等」は，平成元年・15年は平成29年法律第72号による刑法改正前の強姦をいい，
　　　30年は強制性交等及び同改正前の強姦をいう。
注5：（ ）内は，件数である。

図7.2　**刑法犯——被害者と被疑者の関係別検挙件数構成比（罪名別）**（法務省，2019）

被害者と被疑者の関係についての割合を約15年ごとに見たものです。殺人で
は，被害者と被疑者が親族関係にあったものの割合は，平成元（1989）年は
39.9％，平成15（2003）年は42.1％で，平成30（2018）年は51.0％となり，
近年の割合は高くなっています。この傾向は，放火，強制性交等（以前の，
"強姦"事件），暴行，傷害といった主要な刑法犯でも見られ，暴力的な事案が

親族関係にある者の間で生じる割合が全般的に高くなっています。

7.1.2 家族の間での暴力は最近の現象か？

　安らぎが期待される場である家庭や家族同士の間で，どうして暴力的事案が増えているのでしょうか。理由の一つに，家庭内で生じる暴力的事案が表に出やすくなったことが考えられます。熊谷（1980）によると，アメリカでは，1970年代から「家庭内暴力」（子ども虐待，夫婦間の暴力，青少年少女から親への暴力，きょうだい喧嘩，老親への暴力）は社会問題としてとらえられるようになっていました。しかし，「家庭内暴力」は，その頃になって急に発生した事象ではなく，それまで黙殺され，故意に研究領域から除外されていたものが，女性解放運動や児童の権利擁護運動の高まりを一つの背景として，社会問題としてとらえられるようになったとしています。

　また，熊谷（1980）は，「家庭内には暴力が必然的に発生する理由が存在する。或は，家族は暴力を誘発する必然的性格を有すると解釈されるべきであろう」と述べています。家庭は，家庭への積極的介入が強度に義務づけられた成員の相互依存によって成立しており，そこでは，各成員は自身の赤裸々な姿をぶつけ合っています。そのため，家庭内には愛情よりもむしろ暴力のほうがより一層多く存在すると考えても間違いではないかもしれないとしています。

7.1.3 家族の間で暴力が生じる理由

　ゲレスとシュトラウス（Gelles & Straus, 1979）は，家庭内で暴力が生じる理由について，12項目にまとめています。①家族は，他のグループに比べ，一日のうち，一緒に過ごすことが多くなります。その分，衝突のリスクも多くなります。②家族という集団の目的は1つに定まっているわけではなく，家族成員それぞれで多様であるために，必然的に個人が期待する通りの結果が得られないことが多くなります。③その場に居合わせるのは，まさに身近な関わりの深い人々であり，家族成員のちょっとした過ちや不作法も見過ごせなくなります。また，④家族としての活動は，どのような音楽を聴くか，どこに遊びに行くかなど，どれか1つだけになってしまう択一的なものが多く，生活習慣な

どに現れる個人の空間の使い方や自己イメージが衝突しやすい構造となっています。⑤家族は，他の家族に影響を与える権利があると暗黙に考えており，他の成員のとる不満な行動を正そうとしがちです。

　また，⑥家族は，年齢や性別を異にする人の集まりです。そのため，文化における性差や年代差がぶつかる場となっています。⑦年齢や性別による問題は，その人が持つ興味や能力の問題としてよりも，生物学的な問題に原因が求められがちです。しかし，求められている"役割属性"を誰もが備えているわけではなく，誰もが期待に応えられるわけでもありません。

　さらに，⑧多くの社会では，親族や家族という集団の中での出来事を，プライバシーとして，社会とは分けてあまり関与しない傾向があります。しかし，⑨家族の構成員は，基本的には，死ぬまで一緒にいることを法的，社会的に強く求められ，そこに生まれてくる子も任意で家族となったわけではありません。一方で，⑩不安定な二者関係から，出産，就学，巣立ち，退職など，家族のライフサイクルの発達に応じて，さまざまな課題や高いストレスにさらされ続けることになります。

　そもそも，⑪両親による子への身体的強制力を行使する権利や，結婚許可証が言外に暴力許可証になるような規範など，家族以外の関係で生じれば問題となるような暴力を是認する文化的規範が行き渡っている背景があります。そして，⑫暴力は，家族やお互いに愛し合っているという人同士の間で最初に経験され，体罰により，何をすべきで，何をすべきでないかを学ぶことは，多くの文化で見られます。子どもは，愛と暴力の関係や，暴力を使うことが正当化される本当に大事なことは何なのかを学び，パーソナリティの基礎や他者との関係を含めた世の中の見方を形作っていくことになります。

7.2　配偶者間暴力

7.2.1　配偶者間暴力とは

　ドメスティック・バイオレンス（DV: Domestic Violence）とは，夫婦間において行われる虐待・ハラスメント行為をさす概念です（越智，2013）。DV

というと，一般的には男性から女性への暴力を連想しがちです。しかし，近年
は，女性から男性への暴力や，LGBTなどの性別越境者カップルにおける暴力
の発生も指摘されており，DVという用語を使わずに，夫婦や恋人など親密な
関係にある2人の間で起こる暴力として多様性を持った，IPV（Intimate
Partner Violence）という用語が使われるようになっています（小畑，2017）。

7.2.2 配偶者間で起きる事件

　先に，殺人事件が家庭の中で，また，配偶者間で多く起きていることを見ま
した。しかし，配偶者間で引き起こされる事件は，他にもあります。法務省
（2019）の「犯罪白書」によると，警察による配偶者関連事案（刑法犯）の検
挙件数は，平成11（1999）年以降は増加傾向にあり，平成24（2012）年頃か
ら大幅に増加しています（図7.3）。平成30（2018）年の総数は，8,229件で，
これは平成元（1989）年の689件の約11.9倍で，特に，傷害，暴行および脅
迫の検挙件数が増加しています。なお，検挙件数のうち被害者が女性である事
件は，総数の大半を占めていますが，殺人と放火では5割から7割程度のよう
です。

　また，法務総合研究所は，犯罪の発生状況を正確に知るために，4年に一度，
16歳以上の男女を対象に，警察等に認知されていない犯罪の件数（暗数）の
調査を行っています（法務省，2019）。それによると，過去5年間にDVの被
害を受けたと回答した人は，調査対象6,000人の0.4%でしたが，被害を捜査
機関に届け出た比率は11.5%でした。DV被害は，そのほとんどが被害申告さ
れていないといえます。

7.2.3 DV防止法

　DV防止法（配偶者からの暴力の防止及び被害者の保護等に関する法律）は，
平成13（2001）年10月13日に施行されました。この法律は，配偶者（事実
婚や元配偶者を含む）から身体的暴力や生命等に対する脅迫を受けた場合，被
害者である配偶者自身や，その子，あるいは親族への6カ月間の接近やメール
等を含む電話での連絡を禁止したり，また，生活の本拠とする住居から2カ月

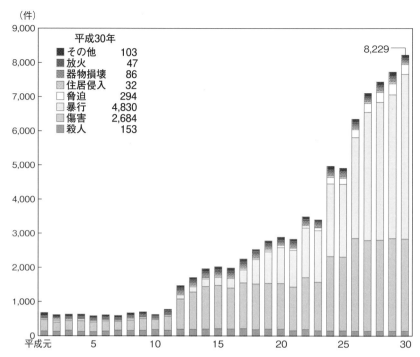

注1：警察庁の統計による。
注2：「配偶者間事案」とは，被害者が被疑者の配偶者（内縁関係を含む）であった事件をいう。

図7.3　刑法犯——配偶者間事案の検挙件数の推移（罪名別）（法務省，2019）

間退去することを裁判所が命令できるようになりました。そして，この命令に違反したものは，1 年以上の懲役，または，100 万円以下の罰金を受けることになります。

　DV 防止法による保護命令事件の新受件数の推移は，図 7.4 の通りで，2018 年は 2,164 件の申立てがありました（最高裁判所，2019）。また，この保護命令に違反したとして検察庁が受理した人員の推移は図 7.5 の通りで，2018 年は 70 人が送検されています。近年は，保護命令の申立てや保護命令違反の送検数は減少傾向にありますが，2014 年頃から保護命令違反の送検数が大きく増えていたり，先に見た警察による配偶者関連事案（刑法犯）の検挙件数（図 7.3）も同じ頃から大幅に増加していることを考え合わせると，保護命令の申

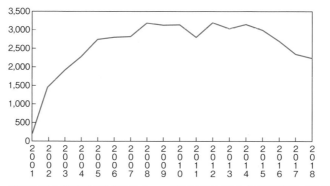

図 7.4　**配偶者暴力等に関する保護命令――新受件数の推移**（最高裁判所，2019）

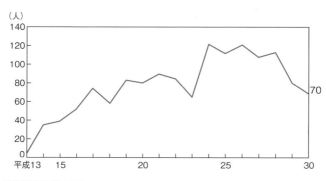

注 1：検察統計年報による。
注 2：平成 13 年は，配偶者暴力防止法の施行日である同年 10 月 13 日以降の人員である。

図 7.5　**配偶者暴力防止法違反――検察庁新規受理人員の推移**（法務省，2019）

立てによる問題の解決がなかなか難しいという現実をうかがい知ることができます。

7.2.4　暴力のサイクル

　多くの場合，配偶者間暴力は，何度も繰り返されるといわれています。ウォーカー（Walker, 1979）は，「緊張期（tension-building phase）」「爆発期（explosion or acute battering incident）」「ハネムーン期（calm, loving respite）」の 3 つの異なる時期があることを示しています。

　「緊張期」は，明確な暴力は少ないものの，被害者は，相手の顔色をうかが

うように行動し，両者の関係はピリピリした張り詰めたものとなります。緊張が徐々に高まり，蓄積されていきますが，何かのきっかけで暴力の爆発が始まります。この時期を「爆発期」といいます。加害者は，怒りや衝動をコントロールできなくなり，身体的暴力を振るい，傷害事案や時には死亡に至るような結果を招くことにもなります。加害者は，この爆発により，蓄積した緊張を発散させますが，その後，暴力を振るったことを後悔し，被害者に謝罪したり，優しい言葉をかけたりして気遣いを見せます。この時期を「ハネムーン期」といい，被害者は，自分が悪かったのではないかなどと考えたり，「自分がいなければこの人はダメになる」などと考え，加害者との関係を清算できません。しかし，この「ハネムーン期」は長続きせず，再び加害者の顔色をうかがいながら生活をする「緊張期」を迎えることとなります（図7.6）。

　それぞれの段階がどれくらい続くのか，どれくらいの激しさなのかは，カップルにより，また，同じカップルでもさまざまです。被害者は，いつ，どのようなことがきっかけで加害者が暴力を爆発させるのか，よく理解できず，次第に無力感に襲われていきます。

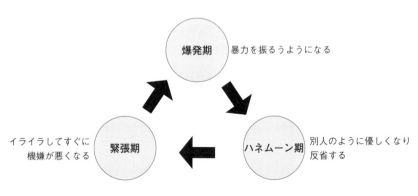

図7.6　DV の暴力サイクル

7.2.5　配偶者間暴力の加害者の分類

　配偶者間暴力の加害者には，どのようなタイプがあるのでしょうか。越智
（2013）は，4つのタイプを見出しています。

　「男性優位思想型」の人は，「男性は女性より優れており，暴力的に支配する
のは当たり前だ」との考えを持っています。このタイプは，男性同士の人間関
係が密な職業や生活，たとえば，軍人，警察官，建設作業員，運動部員の中で
過ごすことが多い人に見られ，身体的な暴力や性的暴力が中心となります。
「補償的暴力型」の人は，逆に，一見，おとなしそうで，対人関係に長けてい
るようにも見えます。しかし，普段から不満を溜め込みやすく，鬱積した感情
を配偶者に対して発散させるために，さまざまな行為を配偶者に強いることに
なります。

　また，「心理的支配型」の人は，高いプライドを持っていますが，反面，自
信に乏しく，配偶者に裏切られる不安を常に抱えています。そのため，相手の
行動を監視し，過度に介入するなどして，支配します。身体的，性的暴力の他，
経済的暴力もよく見られます。最後に，「不安定型」の人は，他者，特に同性
と対等な関係を築くのが苦手です。人に過度に依存したり，逆に，過度に拒絶
したりすることを繰り返し，周りを振り回します。自殺をほのめかして相手を
呼びつけたりするなど，さまざまな方法で相手を支配しようとします。

7.2.6　配偶者間暴力の4つのタイプ

　ケリーとジョンソン（Kelly & Johnson, 2008）は，カップルの関係性，暴力
の発生する文脈や暴力の結果をもとに，配偶者間暴力を4つのタイプに分けて
います。

　「パワーとコントロールに基づく暴力（CCV: Coercive Controlling Violence）」
は，強制的・高圧的に他者を統制しようとするときに生じる暴力です。交際時
や婚姻当初から継続的に生じている場合もあり，身体的・性的・経済的・心理
的など，さまざまな暴力の形態が複合的に用いられます。子どもがいる場合に
は，加害者は子どもを味方に引き入れて利用する場合もあり，被害者は多様な
暴力により深刻なダメージを受けます。先に紹介したウォーカーのいう暴力の

サイクル論は，主にこのタイプの暴力を想定しているように考えられます。次に，「抵抗のための暴力（VR: Violent Resistance）」は，CCV を行うパートナーに対する反抗として生じる暴力です。従前は，CCV は男性による暴力，VR は女性による暴力として論じられることが多かったようですが，現在は，性別に関係なく，どちらにも生じるとされます。

　「対等な関係の中で状況的に起こる暴力（SCV: Situational Couple Violence）」は，配偶者間暴力の中では一番多いタイプで，基本的には配偶者双方は対等な力関係にあります。威圧的な，あるいは，他者をコントロールしようとする多様な方略が用いられることはなく，パートナー間での口論が昂じた結果として生じるものです。時に深刻化するものの，押したりつかんだりといった，比較的弱い形の暴力が用いられ，被害者側の恐怖感もそう大きくはありません。加害者の人格的な偏りも少なく，家庭外での暴力が問題になることはほとんどないため，別居することで，暴力は収まっていきます。4つ目は，「関係を破綻させる出来事が引き起こす暴力（SIV: Separation-Instigated Violence）」で，不貞行為や多額の借金の発覚など，二人の関係性を破綻させるような出来事が発覚したとき，その際の心理的ショックから攻撃的な行動に至るものです。それまでの二人の関係や性格からは予想できない行動となりますが，別居したりして落ち着くと，その後の暴力の再発はほとんどありません。

7.3　子ども虐待

7.3.1　子ども虐待とは

　子ども虐待（児童虐待）は，子どもの心身の成長，人格形成に重大な影響を与える，子どもに対するもっとも重大な権利侵害です。児童虐待の防止等に関する法律（児童虐待防止法）では，その第2条において，「保護者がその監護する児童について行う次に掲げる行為」として，「身体的虐待」「性的虐待」「ネグレクト（育児放棄）」「心理的虐待」の4つを規定しています（表7.1）。

　「身体的虐待」は，身体に外傷が生じる，または生じる恐れのある暴行を加えることで，殴ったり，蹴ったりする他，ひもで縛って拘束することも含まれ

表7.1　**虐待の類型と内容**（厚生労働省ホームページから）

身体的虐待	殴る，蹴る，叩く，投げ落とす，激しく揺さぶる，やけどを負わせる，溺れさせる，首を絞める，縄などにより一室に拘束する　など
性的虐待	子どもへの性的行為，性的行為を見せる，性器を触る又は触らせる，ポルノグラフィの被写体にする　など
ネグレクト	家に閉じ込める，食事を与えない，ひどく不潔にする，自動車の中に放置する，重い病気になっても病院に連れて行かない　など
心理的虐待	言葉による脅し，無視，きょうだい間での差別的扱い，子どもの目の前で家族に対して暴力をふるう（ドメスティック・バイオレンス：DV），きょうだいに虐待行為を行う　など

ます。「性的虐待」は，わいせつな行為をすることまたは児童をしてわいせつな行為をさせることで，性的な行為を見せることやポルノの被写体にすることも含まれます。「ネグレクト」は，心身の正常な発達を妨げるような著しい減食または長時間の放置など，保護者としての監護を著しく怠ることで，車内に放置することや，病院に連れて行かないことも含まれます。「心理的虐待」は，著しい暴言，拒絶的対応，児童が同居する家庭における配偶者への暴力など，著しい心的外傷を与える行為です。

　小林（1994）は，「虐待の定義は，あくまで子ども側の定義であり，親の意図とは無関係です。その子が嫌いだから，憎いから，意図的にするから，虐待と言うのではありません。親はいくら一生懸命であっても，その子をかわいいと思っていても，子ども側にとって有害な行為であれば虐待なのです。我々がその行為を親の意図で判断するのではなく，子どもにとって有害かどうかで判断するように視点を変えなければなりません」と述べています。

7.3.2　統計に見る児童虐待の実態

　図7.7は，厚生労働省（2020）の「平成30年度福祉行政報告例の概況」から，児童相談所における児童虐待相談の対応件数の推移を見たものです。相談件数は，1999年には総数1万1,631件でしたが，年々増加し，2018年には15万9,838件となっています。中でも，心理的虐待の相談件数は，1999年には590件でしたが，2018年には8万8,391件と急増しています。

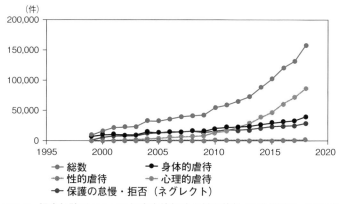

図 7.7　児童相談所における児童虐待相談の対応件数（厚生労働省，2020）

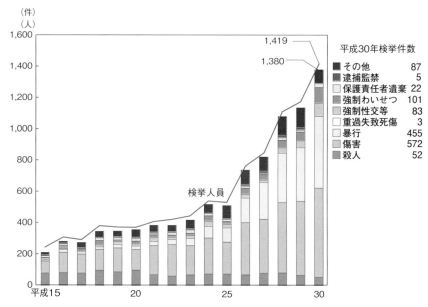

注 1：警察庁生活安全局の資料による。
注 2：本図は，資料を入手し得た平成 15 年以降の数値で作成した。
注 3：「殺人」，「保護責任者遺棄」及び「重過失致死傷」は，いずれも，無理心中及び出産直後の
　　　事案を含む。
注 4：「強制性交等」は，平成 28 年以前は平成 29 年法律第 72 号による刑法改正前の強姦をいい，
　　　29 年以降は強制性交等及び同改正前の強姦をいう。
注 5：「その他」は，未成年者略取，児童福祉法違反，児童買春・児童ポルノ禁止法違反等である。

図 7.8　児童虐待に係る事件——検挙件数・検挙人員の推移（罪名別）（法務省，2019）

　また，図 7.8 は，法務省（2019）の「犯罪白書」から，児童虐待に係る事件の検挙件数と検挙人員の推移を見たものです。検挙件数と検挙人員は，平成 24（2012）年頃までは緩やかに増加していましたが，平成 26（2014）年頃からは急激に増加しており，平成 30（2018）年は 1,380 件，1,419 人となりました。傷害，暴行，強制性交等，強制わいせつなどの事件数の増加が目立っています。表 7.2 は，児童虐待に係る事件の検挙人員を，被害者と加害者の関係別に見たものです。強制性交等や強制わいせつなどの性的虐待については，養父・継父や，母親の内縁の夫の他，実父が加害者となることも少なくありませ

表7.2　**児童虐待に係る事件——検挙人員（被害者と加害者の関係別，罪名別）**（法務局，2019）

加害者	総数	殺人	傷害	傷害致死	暴行	逮捕監禁	強制性交等	強制わいせつ	児童福祉法	保護責任者遺棄	重過失致死傷	その他
①平成 15 年												
総数	242	85	98	25	6	—	6	3	18	20	4	2
②平成 30 年												
総数	1,419	56	591	5	457	6	84	101	23	29	3	69
父親等	1,048	18	431	3	343	4	82	99	20	10	1	40
実父	622	15	261	3	247	3	29	32	6	8	1	20
養父・継父	266	3	99	—	59	1	39	44	8	1	—	12
母親の内縁の夫	127	—	68	—	27	—	13	12	2	—	—	5
その他（男性）	33	—	3	—	10	—	1	11	4	1	—	3
母親等	371	38	160	2	114	2	2	2	3	19	2	29
実母	352	38	151	2	107	2	2	2	3	19	2	26
養母・継母	9	—	6	—	3	—	—	—	—	—	—	1
父親の内縁の妻	4	—	1	—	—	—	—	—	—	—	—	1
その他（女性）	6	—	2	—	2	—	—	—	—	—	—	2

注 1：警察庁生活安全局の資料による。
注 2：本表は，資料を入手し得た平成 15 年・30 年の数値で作成した。
注 3：「殺人」，「保護責任者遺棄」及び「重過失致死傷」は，いずれも，無理心中及び出産直後の事案を含む。
注 4：「強制性交等」は，平成 15 年は平成 29 年法律第 72 号による刑法改正前の強姦をいい，30 年は強制性交等及び同改正前の強姦をいう。
注 5：加害者の「その他」は，祖父母，伯（叔）父母，父母の友人・知人等で保護者と認められる者である。
注 6：罪名の「その他」は，未成年者略取，児童買春・児童ポルノ禁止法違反等である。

ん。傷害や暴行については，実母よりも実父が加害者になることが多くなっています。ただ，殺人については，実母が加害者となる場合が，実父の2倍以上となっています。

7.3.3 虐待の原因

厚生労働省雇用均等・児童家庭局総務課（2013）が作成した「子ども虐待対応の手引き（平成25年8月改正版）」には，母子の健康水準を向上させるためのさまざまな取組みを推進するための「健やか親子21」検討会報告書（2000）を参考に，虐待の発生要因及び予防策について記載されています。それによると，虐待は，①多くは親自身が子ども時代に愛情を受けてこなかったこと，②生活にストレスが重なって危機的状態にあること，③社会的に孤立して援助者がいないこと，④親にとって意に沿わない子であること，という4つのリスク要因がそろっていることが指摘されています。そして，これらの4つのリスク要因がそろわないように働きかけることが，子ども虐待の防止に効果的であるとしています。

「保護者側の要因」としては，保護者自身の攻撃的・衝動的な性格，精神障害や知的障害，アルコールや薬物への依存といった問題の他，若年出産等で子の妊娠・出産を受容できないこと，育児不安や知識の不足，特異な育児観などが挙げられます。そして，その背景には，さまざまな事情で，親自身が子ども時代に愛情を受けてこなかったということがうかがわれます。

「子ども側の要因」としては，保護者にとっての何らかの育てにくさを持っていることが指摘されています。乳児期の子は，想像以上に手がかかり，親の都合など考えてくれません。また，子が未熟児として生まれてきたり，障害を持っていたり，あるいは，双子や三つ子として生まれてきたりしたような場合には，さらに大きな虐待のリスクとなります。

「養育環境の要因」としては，経済的な不安定さや，親族や地域社会からの孤立という要因が大きなものとして挙げられます。未婚を含むひとり親家庭の場合には，経済的な不安定さや親族等からの孤立のリスクも高まります。また，父母がそろっていても，夫婦不和や配偶者からの暴力などにより，転居や転職

を繰り返すことも，これらのリスクを高める要因となります。

7.4 家庭内暴力

7.4.1 家庭内暴力とは

「家庭内暴力」は，疾病の名前ではなく，また，現象面での定義も曖昧です。英語で family violence というと，配偶者間の暴力や親から子への虐待を含んだものを表します。ここで扱う家庭内暴力は，子から親に対する暴力事象で，英語では parent abuse となります。齊藤（2016）は，家庭内暴力を，「児童期から思春期青年期に至る子どもの発達経過の中に生じる，家族を対象とした直接的あるいは間接的な暴力行為」，と定義しています。

7.4.2 統計から見る家庭内暴力の実態

図7.9 は，法務省（2019）の「犯罪白書」から，20歳未満の少年による家庭内暴力の認知件数の推移を見たものです。認知件数の総数は，平成元（1989）年から平成20（2008）年頃までは増減を繰り返していましたが，平成24（2012）年からは増加を続けており，平成30（2018）年には3,365件（前年比12.3％増）となっています。中学生（1,545件）や高校生（1,023件）の増加の他，小学生（438件）による暴力も増加しています。また，表7.3 は警察庁生活安全局少年課（2019）の統計から，家庭内暴力の対象別件数の推移を示したものです。平成30（2018）年度は，総数3,365件のうち，母親を対象にしたものが2,042件ともっとも多く，次いで父親を対象にしたものは341件，兄弟姉妹を対象にしたものは300件となっています。また，家財を対象にしたものは，512件でした。主に母親や家財が暴力の対象となる傾向は，変わっていません。

7.4.3 家庭内暴力の発現要因

家庭内暴力を生じさせる要因について，齊藤（2016）は，「家族要因」「本人の要因」「外的環境要因（社会的要因）」に整理してまとめています。「家族要

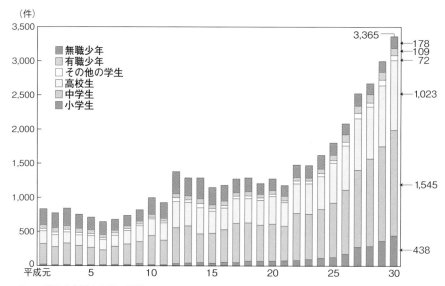

注1：警察庁生活安全局の資料による。
注2：犯行時の就学・就労状況による。
注3：一つの事件に複数の者が関与している場合は，主たる関与者の就学・就労状況について計上している。
注4：「その他の学生」は，浪人生等である。

図7.9　少年による家庭内暴力——認知件数の推移（就学・就労状況別）（法務省，2019）

表7.3　家庭内暴力事案の対象別件数の推移（警察庁安全局少年課，2019）

対象 ＼ 年(平成)	21 年	22 年	23 年	24 年	25 年	26 年	27 年	28 年	29 年	30 年
総数（件）	1,181	1,481	1,470	1,625	1,806	2,091	2,531	2,676	2,996	3,365
母親	684	889	913	935	1,066	1,291	1,484	1,658	1,861	2,042
父親	111	134	115	152	154	172	263	253	329	341
兄弟姉妹	87	96	95	119	154	155	223	218	239	300
同居の親族	121	142	121	122	128	188	170	175	147	155
物（家財道具等）	178	223	215	291	296	281	375	362	390	512
その他	0	0	11	6	154	4	16	10	30	15

因」のうち，母親の性格として，過敏さ，神経質さ，不安の強さ，強迫的性格傾向を挙げ，母親の養育態度としては，子との密着性，共生性，支配性，過干渉を挙げています。また，父親の性格としては，生真面目，影の薄さ，完全主義，強迫的性格傾向などを挙げており，その養育態度は放任，無関心，甘やか

しなどを挙げています。家族の力動として，父親の家庭内での影の薄さと，母親の子に対する支配性や過保護が組み合わされた状況を基本的な家族病理とする考えが一般的であると述べています（齊藤，2016）。

「本人の要因」としては，自己中心的わがままさ，完全癖や几帳面などの強迫的性格傾向，劣等感の強さ，対人関係の広がりの乏しさの他，あらゆる要求がかなえられ過保護な環境で育ったことなどが指摘されています。過保護な生育環境が同時に過干渉で子どもに従順な服従を強いる側面を合わせ持っており，子どもは健全な自己主張を通じた欲求不満耐性の獲得を果たせないまま社会的ストレスに対する脆弱性を形成していくとする見解が一般的であるとしています（齊藤，2016）。さらに，体質的特徴として，てんかんや，脳機能障害後遺症をはじめとする脳器質性障害，易興奮傾向，言語表現の貧困さを挙げています。また，注意欠陥/多動性障害も行為障害や反抗挑戦性障害と結びつきやすく，精神医学的特徴として，強迫神経症，心気症，統合失調症，うつ病，境界例などが関係している場合があると述べています。家庭内暴力の背景にこれらの要因が疑われる場合には，投薬などによってこれらの背景にある疾患の治療をまず検討していくことになります。

「外的環境要因」としては，不登校に陥った子どもに登校を促したり叱責したりした結果，子どもが暴力に至るというのが典型的な経過として示されています。齊藤（2016）は，外部の世界を回避して家庭にひきこもり，母親に過剰に接近して存在することを余儀なくされる状況そのものが退行に向かう強い力を持っており，暴力もその中で生じる依存と分離の両価性の表現の一つであるとしています。さらに，いじめや，仲間集団あるいは教師との関係などに起因するような圧倒される緊張が高まるような場合，怒りの対象が家庭内の人間関係へ置き換えられるとともに，母親への退行的な心理的接近が生じ，暴力が生じるとしています（齊藤，2016）。

7.4.4 母親からの負情動・身体感覚否定の影響

福泉・大河原（2013）は，大学生等412人を対象にした質問紙調査で，負の情動や身体感覚を受け止めてもらえないことと家庭内暴力傾向の関係を調べて

います。その結果，イライラや不安，熱っぽいことなどを訴えても受け入れてもらえないという負情動・身体感覚否定経験認識から，自己存在感の希薄さおよび攻撃の置き換え傾向を介して，家庭内暴力傾向に影響を与えるという結果を得ています。そして，子どもの家庭内暴力の背景には，親子関係の中で負情動や身体感覚が否定されるようなコミュニケーションが展開されており，このようなコミュニケーションの中で子どもは自己の存在を感じられなくなり，適切な感情表現力も身につかないため，怒り感情の制御が困難な状態となっているという可能性を示唆しています。

参 考 図 書

厚生労働省雇用均等・児童家庭局総務課（2013）．子ども虐待対応の手引き（平成 25年8月改正版）厚生労働省

復 習 問 題

1. 配偶者間暴力と子ども虐待が併存する場合がありますが，それはどのような場合でしょうか。

第 **8** 章

家族関係はどのように
崩壊するのか

この章では，家族関係の崩壊，特に，夫婦関係の崩壊である「離婚」の問題を考えます。はじめに統計資料から離婚の現状をつかみ，当事者がどのような理由で離婚を考えるようになるのかを見ていきます。また，離婚のプロセスや離婚が子どもに与える影響などについても考えます。

8.1　夫婦関係崩壊の実情

8.1.1　夫婦関係の崩壊

第 2 章でも学んだように，家族とは，「夫婦・親子・きょうだいなど少数の近親者を主な成員とし，成員相互の深い感情的包絡で結ばれた，第一次的な福祉追求の集団」（森岡・望月，1983）と定義されます。また，家族は，その情緒的な結びつきを基礎として，性的欲求を充足させたり，子どもを育てたり，依存者を扶養するなどの経済的単位としての機能を持っています（山根，1972）。この章では，家族関係の崩壊を，「家族成員の情緒的な結びつきが弱まることで，家族が本来持っているとされる機能を十分に果たせなくなる状態，あるいは，本来の機能を取り戻そうとする力が働かない状態」としてとらえ，特に家族関係の最小単位でもある夫婦の問題について考えていきます。

8.1.2　「離婚」の現状

夫婦の情緒的な結びつきの弱まりは，「別居」や「離婚」として顕在化します。そこで，まずは，最近の離婚に関する統計資料をもとに，離婚の現状を把

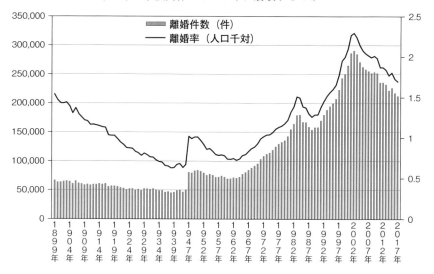

図 8.1　日本の離婚件数と離婚率（人口 1,000 人当たり）の年次推移
（厚生労働省，2018 から作成）

握したいと思います。

　毎年，どれくらいの人々が離婚を経験しているのでしょうか。図 8.1 は，厚生労働省が毎年調査を実施している「人口動態統計」から，1889 年以降の毎年の離婚件数と離婚率（人口 1,000 人当たりの離婚件数）の推移を示したものです。離婚に関する制度が整備された第 2 次世界大戦後を見ると，1983 年に 17 万 9,150 件のピークがあり，2002 年には最高の 28 万 9,836 件となっていますが，その後は，婚姻率，離婚率共に緩やかに減少しています。直近の 2017 年では，離婚件数は 21 万 2,262 件，人口 1,000 人当たりの離婚率は 1.70 で（厚生労働省，2018），人口 1,000 人につき約 2 組が離婚していることを表しています。

　それでは，日本の離婚率は，諸外国に比べると多いのでしょうか。図 8.2 は，主要先進国の婚姻率と離婚率（人口 1,000 人当たり）を「平成 30 年我が国の人口動態——平成 28 年までの動向——」（厚生労働省政策統括官，2018）から数値のそろっている 2014 年のデータをもとにグラフにしたものです。これを見ると，日本の離婚率（1.77）は，アメリカの離婚率（2.55）の 7 割程度であ

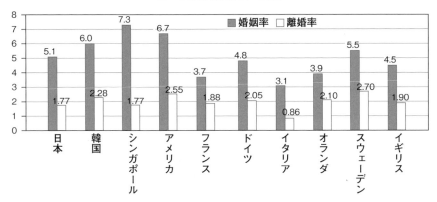

図8.2 **主要先進国の婚姻率と離婚率（人口1,000人当たり）の比較**
（厚生労働省政策統括官，2018から2014年のデータで作成）

り，アメリカに比べて低い水準にあります。しかし，日本は，ドイツ（離婚率2.05），イギリス（同1.90），フランス（同1.88），シンガポール（同1.77）とはほぼ同じ水準にあるといえます。

8.1.3　若年離婚の増加

　これまで示した統計からは，日本の離婚の状況は，近年落ち着いているように見えます。しかし，配偶者のある人の数を基準にした「有配偶離婚率」（配偶者のある人の人口1,000人当たりの離婚件数）で見ると，やや違う側面が浮かび上がります。図8.3および図8.4は，夫婦の同居をやめたときの年齢層別の有配偶離婚率の推移を5年ごとに示したもので，前者は夫，後者は妻についてのものです。直近の2015年で見ると，同居をやめたときに19歳以下であった者の有配偶離婚率は夫50.3（妻81.2）で，また，20～24歳であった者は夫56.4（妻54.2）となります。これは，同居解消時に19歳以下であった夫は1,000人当たり50人（妻は81人），20～24歳であった夫は56人（妻は54人）であったことを示しています。これらの数値は，先に示した一般人口1,000人当たりで見た離婚率1.70に比べてかなり大きな数値といえます。また，夫，妻共に，近年になればなるほど，19歳以下と20～24歳といった若年層の有配偶離婚率が急激に増えていることがわかります。

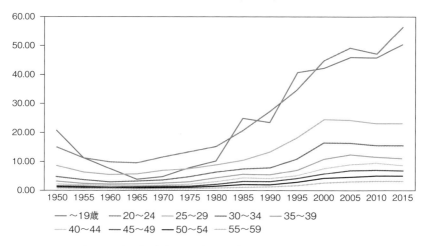

図 8.3　**別居時の年齢区分別にみた有配偶離婚率の年次推移（夫分）**
（厚生労働省，2018 から作成）

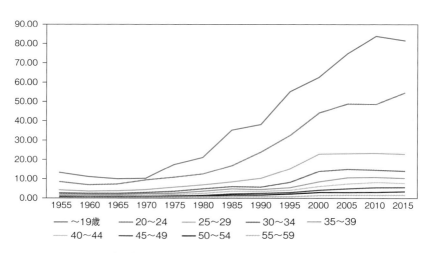

図 8.4　**別居時の年齢区分別にみた有配偶離婚率の年次推移（妻分）**
（厚生労働省，2018 から作成）

8.1.4　離婚の理由

　永遠の愛を誓い合ったはずの二人が，どうして離婚を考えるようになるので
しょうか。図 8.5 は，平成 29 年司法統計から，家庭裁判所に離婚の調停を申

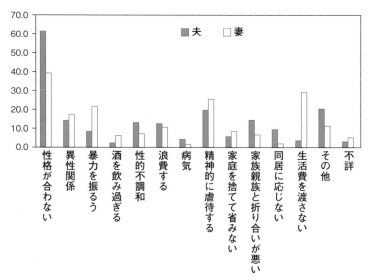

図 8.5　**離婚調停申立書に記載された離婚を求める事情（3 個までの重複回答の集計）**
（最高裁判所，2018 から作成）

し立てる際に，申立人がどのようなことを理由としているかをまとめたもので
す。夫が離婚調停を申し立てるときには，「性格が合わない」「精神的に虐待す
る」といったことを理由に挙げることが多く，次いで「異性関係」「家族親族
と折り合いが悪い」「性的不調和」「浪費」といったことを理由として挙げてい
ます。一方，妻が離婚調停を申し立てるときには，「性格が合わない」「生活費
を渡さない」「精神的に虐待する」「暴力を振るう」「異性関係」といったこと
を理由として挙げています。このように，家族の「情緒的」「性的」「経済的」
な機能が失われていることを理由として離婚調停が申し立てられていることが
示されています。

　また，離婚の 9 割以上を占める協議離婚の場合には，どのような理由が挙げ
られているのでしょうか。「離婚に関する調査 2016（リクルートブライダル総
研，2017）」によると，インターネットを通じて全国の 20 歳から 69 歳の，離
婚経験のある男女を対象に調査した結果，離婚理由の上位には，「価値観の違
い」「人生観の違い」「性格の不一致」「金銭感覚の違い」「夫婦の会話がない」
といったものが挙げられています。また，男女差が大きく，女性に多かった理

由としては，「育児に協力的でない」「借金」「家事に協力的でない」といった
夫側の行動への不満が挙げられています。ここでも，家族の「情緒的」あるい
は「経済的」機能が失われていることが見てとれます。

8.1.5　離婚に対する態度

　太田（1970）は，離婚に対する見方を，「愛他的離婚観」「宿命的離婚観」
「利己的離婚観」「アノミー的離婚観」の4つの類型に分類しています。「愛他
的離婚観」は，家長である夫が子のできない妻を“家のために”として離婚す
るような場合で，自己の個人的欲求を抑制し，自己以外のもののために献身的
に離婚を決意するというものです。「宿命的離婚観」は，“家のために”として
離婚を切り出した夫の考えを受け入れる妻に見られるもので，自己以外のため
に，積極的ではないものの，“諦め”として離婚を考えるというものです。「利
己的離婚観」は，不貞をした夫に対して妻が離婚を求めるような場合で，個人
の基本的価値が脅かされた場合には離婚すべきだというものです。また，「ア
ノミー的離婚観」は，愛情がなくなれば離婚するというもので，結婚は自由で
あり，したがって離婚も自由であるべきだとするものです。

　内閣府が平成25（2013）年度に13歳から29歳までの男女に対して行った
「我が国と諸外国の若者の意識に関する調査」（内閣府，2014）を見ると，日本
の若者は，「子どもがいれば離婚すべきではないが，いなければ，事情によっ
てはやむをえない」（32.3％），「子どもの有無にかかわらず，事情によっては
離婚もやむをえない」（30.7％）と回答しています。また，「互いに愛情がなく
なれば，離婚すべきである」と回答した日本の若者は6.9％であり，スウェー
デン（30.3％），フランス（25.1％），ドイツ（23.4％），イギリス（17.5％），ア
メリカ（15.6％）に比べて低い割合で，7カ国中，もっとも割合が少ない結果
でした。太田（1970）の分類した「アノミー的離婚観」を持つ日本の若者は，
依然として少数であるといえます。しかしながら，「結婚したら，いかなる理
由でも離婚すべきでない」とする日本の若者は13.7％であり，条件つきを含め
て離婚を容認するものは69.9％となっており，離婚のハードルはそう高くはな
くなっているといえます。

8.2　崩壊のプロセス

8.2.1　二者関係をめぐる循環プロセス

　ディムとグレン（Dym & Glen, 1993）は，二者関係に，「拡大・保障」「縮小・背信」「和解」の3つの段階を設定し，これらの循環によって二者が関係性をさらに拡大させていくことを述べています。

　「拡大・保障」の段階は，二者が相手との相補的な一体感によって自己が拡大するのを体験する段階です。この時期には，子どもの頃のようにお互いに依存し合い，理想化し合います。しかし，常に不安定さを含んでおり，期待していたものと異なる相手の反応に，適応しようとしたり，あるいは，失望したりします。「縮小・背信」の段階は，相互に裏切られたように感じ，お互いにひきこもりがちになる段階です。相手に魅力を感じることも少なくなり，過去の限界や問題が表面化してきます。一緒にいても気が沈み，別々にいるほうが自由に感じられる一方，相手を非常に制限するようになります。お互いに個人として受け入れられる感覚が乏しくなり，以前には永遠と思えた関係に落胆することになります。また，「和解」の段階は，「縮小・背信」を乗り越え，関係が回復されていく段階です。妥協と交渉が行われ，合理的であろう，展望を維持しよう，責任を持とうと努力します。この時期をうまく乗り越えることができると，再度「拡大・保障」の段階に入り，二者の関係はさらに強固なものとなっていきます。この循環を何度か繰り返しながら二者関係は発展していくのですが，「和解」の段階をうまく迎えることができない場合には，「縮小・背信」の段階が進展し，二者の関係性は破綻を迎えることになるとされます。

8.2.2　夫婦関係の揺らぎ

　夫婦関係について考える場合，ディムとグレン（Dym & Glen, 1993）のいう「拡大・保障」の段階から「縮小・背信」の段階へ移行させる要因や，「縮小・背信」を深化させ，「和解」の段階を十分に機能させない要因について考えていく必要があります。

　ベック（Beck, 1988）は，夫婦の葛藤が生じやすい領域として，「一緒の時

間の過ごし方」「労働の分割」「子育て」「性関係」「家計」「親族」を挙げています。婚姻前には，相手の喜びは自身の喜びと同じだとして，自身の欲求抑制がお互いに自発的に行われています。しかし，婚姻後にはそれが義務のようになり，自身の欲求を表出することが自分本位な行動だと受けとられるようになっていきます。同じ状況においても，お互いの受けとり方は全く異なったものであり，お互いに自身の見方が正しいとして，すれ違いが生じます。また，意識されないまま，相手に対して，あらゆることに一般よりも厳しい基準が適用され，基準に満たない場合には，否定的な評価が罰と共に与えられることになります。これらの完全主義的，道徳的な評価は，コミュニケーションの乏しさや，幼少時の自身の両親の振る舞いを背景にした相手に対する役割上の期待から生じるとされます。そして，実際の問題は，関係の早い段階で愛や永遠の幸せなどに偽装されているため，不満が高まるまで向き合うことができずにいるとされます。

　フラモ（Framo, 1992）も，人は自分の心の内にある親イメージを相手に投影し，無意識のうちにそれと合致するように相手に働きかけ，その結果，かつての親との間で経験し，解決できずにいる葛藤を，相手との間で再現すると述べています。そして，当人らがそれに気づくことは難しく，多くの場合，相手の問題だと考えているといいます。

　また，ゴットマンとシルバー（Gottman & Silver, 1999）は，夫婦に深刻な傷を与え得るコミュニケーションとして，「非難」「侮辱」「自己弁護」「逃避」という4つの危険因子を挙げています。結婚の満足度の低い夫婦は，これら危険因子によって相手を非難することが短時間で終わらず，さらなる非難が呼び起こされて容易にエスカレートする，“洪水”と呼ばれる状況が生じています。しかし，結婚満足度の高い夫婦は，これらの危険因子があっても，修復の試みが効果的に行われていることを見出しています。

　ミッデルベルグ（Middelberg, 2001）は，夫婦は二者関係の中で葛藤や緊張状態にあるとき，常に同じようなパターンをたどるとし，“カップル・ダンス”と呼んで，「葛藤」「距離」「追跡/回避」「過剰責任/過少責任」「三角形」の5つのパターンを想定しています。「葛藤のダンス」は，傷つきやすい二人

の一方が，非難された，共感されないなどと感じる体験をした場合に，相手を責め，いつの間にか非難の応酬となるもので，双方が自分こそ被害者であり変わるべきは相手のほうだと，自己愛的な防衛を繰り返しているものです。「距離のダンス」は，双方が内心では相手に怒りを感じているものの，直接に相手を非難することはせず，自己愛的に相手との関係からひきこもってしまうことを繰り返すものです。「追跡／回避のダンス」は，一方が感情的に他方を追い求め，他方は知性化してそれを回避するものです。「過剰責任／過少責任のダンス」は，一方が自身の依存欲求を否認して世話役に徹し，他方は自己充足を恐れて何らかの問題や症状を示して常に世話を受ける役割となり，不安定な二極分化した関係を繰り返しているものです。また，「三角形のダンス」は，夫婦間の葛藤を二者関係では処理できず，子どもや原家族などの第三者を巻き込むことを繰り返しているものです。

8.2.3 離婚のプロセス

　ボハナン（Bohannan, 1970）は，離婚には，相互に関連があり，同時にも進行する，異なる6つの局面があるとしています。それは，「感情的（emotional）離婚」「法的（legal）離婚」「経済的（economic）離婚」「共同親的（coparental）離婚」「コミュニティ（community）離婚」「精神的（psychic）離婚」です。

　最初に見られる「感情的離婚」は，婚姻生活が悪化する核心となる部分です。相手に対する関心や信頼が失われ，アンビバレントな状態を嫌い，相手への愛情表出が差し控えられます。それぞれが個別に成長を始め，憎しみやとらわれ感が募り，お互いに失望してしまいます。「法的離婚」は，"再婚の権利"を得る適切な方法が他にない場合に，根拠に基づいて婚姻関係が破綻していることを確認するものです。裁判では形が曖昧な理由を具体的な法的用語に言い換える作業が行われ，時には，自身が無垢であり，破綻に責任のある相手に罰を与えるものとしても利用されます。

　「経済的離婚」は，文字通り，金銭的なものを別々にするもので，それまで1つの消費単位としてやってきた家庭の資産を分け，それぞれが独立した単位となるものです。「共同親的離婚」は，子がある夫婦の場合に，子どもの親権

や監護権，養育費，面会交流などについて，"子を通して"の争いとなるものです。「コミュニティ離婚」は，転居などにより，それまでの友人やコミュニティから離れることに伴うものです。そして，「精神的離婚」は，元の配偶者のパーソナリティや影響から離れ，自律性を回復するものです。失望，憎しみ，抑うつや自尊心の喪失を引き起こすものから距離をとることは，6 つの離婚の中でもっとも困難なことですが，自律した個人を取り戻す，もっとも建設的なものとなり得るとしています。

　また，カーターとマクゴールドリック（Carter & McGoldrick, 1999）は，離婚のプロセスを，「離婚の決意」「計画立案」「別居」「離婚」という 4 つの過程に分け，各過程において解決すべき課題があるとしています。「離婚の決意」に当たっては，夫婦の問題を解決することができない現実を受け入れ，また，自分自身の責任を認めることが必要となります。「計画立案」に当たっては，なるべくすべての関係者のためになるような配慮が必要ですし，子の養育や経済的問題，親族関係の問題などについて話し合いを進めることが必要となります。「別居」に当たっては，子に対して親としての役割を維持しつつ，配偶者への自身の愛着を解消し，別居生活に適応することが必要となります。また，「離婚」に当たっては，傷つき，怒り，罪悪感などを克服し，失った家族関係を修復できるといった幻想を捨て去り，新たな結婚に対する希望を取り戻すことが必要だとしています。

8.3　子どもに与える影響

8.3.1　離婚が子どもに与える影響

　夫婦に子どもがある場合，離婚は子どもにどのような影響を与えるのでしょうか。本田ら（2011）は，2000 年以降の日米の離婚の影響に関する文献を展望しています。日本における研究は，事例研究や面接調査を中心としたものが多く，量的な研究はほとんどありません。しかし，これらの研究から，離婚は子どもの発達に影響を及ぼすが，それ以上に親の不仲にさらされることが子どもの発達に否定的影響を及ぼすことが示唆され，離婚後も親が不仲なままであ

コラム 8.1　**離婚の方法**

　日本の場合，離婚の手続きには，大きく分けて，「協議離婚」「調停離婚」「裁判離婚」という3種類の方法があります。

　「協議離婚」は，当事者間の協議，合意に基づいて，離婚届を市区町村に届け出ることで成立します。未成年の子どもがいる場合には，その子の親権者をどちらにするかも同時に届け出る必要があります。離婚の9割は，「協議離婚」となっています。

　「調停離婚」は，家庭裁判所での調停手続きで離婚を成立させるものです。当事者だけでの協議が整わない場合，夫・妻のどちらからでも申立てができます。調停では，一般的には，男性と女性の調停委員がペアになり，夫・妻それぞれの言い分を個別に聞きながら，双方が合意できる結論が得られるように調整を図っていきます。月に1度程度の話し合いが数回持たれ，子どもの親権，養育費，面会交流や，財産分与のことなど，離婚に付随して決めなければならない問題を同時に話し合うこともできます。双方で合意に至れば，合意内容が調停調書に記載され，その日に離婚が成立となります。双方で合意に至らない場合には，不成立として終了します。それでも離婚を求めたい場合には，離婚のための裁判の提起を別に検討することになります。

　「裁判離婚」は，家庭裁判所の裁判手続きで，判決を得て離婚するものです。調停と異なるのは，申立てには，民法第770条で規定されている，「1. 配偶者に不貞な行為があったとき。2. 配偶者から悪意で遺棄されたとき。3. 配偶者の生死が3年以上明らかでないとき。4. 配偶者が強度の精神病にかかり，回復の見込みがないとき。5. その他婚姻を継続し難い重大な事由があるとき。」のいずれかの離婚理由が必要となることです。また，裁判手続きですので，調停とは異なり，公開の法廷で行われます。もっとも，一般的には，離婚の裁判を傍聴に来る人はほとんどいませんし，大きなテーブルを囲んで行われるもので，刑事裁判のような物々しさはありません。

れば，子どもは離婚の影響をより大きく受けるだろうと述べています。

　一方，離婚研究において進んでいるアメリカにおいては，離婚家庭の子と結婚家庭の子の比較研究が多く，平均的に離婚家庭の子のほうが結婚家庭の子に

比べ，感情，行動，社会，健康，学業達成の面で低スコアの傾向にあると指摘
されています。ただ，離婚と不適応の直接の関係よりも，離婚と不適応の両方
に関係する別の要因が媒介している可能性が疑われています。こういった第三
の要因を統制した研究はまだ少なく，結果も矛盾するものが多くなっています。
また，離婚前後の子の状態を縦断的に調べた研究においても，離婚と子どもの
適応の関係に明確な結論は出されていません。そして，「離婚は子どもに影響
を及ぼすか」よりも，「離婚はどのように，どういった状況で子どもに良い影
響，または悪い影響を及ぼすのか」との問いが有益であり，適応状況の差異を
作り出す因子を突き止めることに重点を置く必要があるというアマート
（Amato, 2010）の主張を紹介しています。

8.3.2　離婚を経験した子の養育費

　ここでは，離婚後の養育費の問題から子どもの利益について考えてみましょ
う。図8.6は離婚時に養育費の取り決めをした世帯について，厚生労働省
（2017）が調査したものです。これを見ると平成23（2011）年から平成28
（2016）年の間で，母子世帯，父子世帯共に，養育費の取り決めをした世帯は
増加していることがわかります。しかし，母子世帯の42.9％，父子世帯に至っ
ては20.8％にしか届かず，残りの世帯は母親もしくは父親のみの収入で家計を
支えていることになります。この厚生労働省（2017）の分析の中には，母子世
帯が養育費の取り決めをしていない理由について，「相手と関わりたくない」
がもっとも多く，次いで「相手に支払う能力がないと思った」が挙げられてい
ます。父子世帯では養育費の取り決めをしていない理由として「相手に支払う

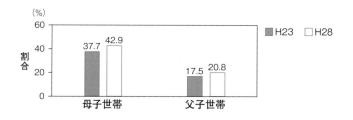

図8.6　**養育費の取り決めをしている割合**（厚生労働省，2017）

コラム 8.2　中年期の離婚

　若年層に比べると，中年期の夫婦の離婚率は，高いとはいえません。中年期は，生活には余裕が生まれ，迷いの少ない時期と見られがちです。しかし，長年連れ添った二人が，この時期に離婚という道を選択するのはどうしてなのでしょうか。そこには，若年層とはまた違った要因が関与していると考えられます。

　岡本（1985）は，中年期の危機について述べています。中年期は，職場での処遇・昇進などである程度先が見えたり，場合によってはリストラの対象となったりして社会的役割を失うことが多い時期です。また，自身の父母の介護や死など，身近な人間関係でも多くの喪失を経験します。子どもに手がかかることも少なくなり，心にぽっかり穴の開いたような「空の巣症候群」と呼ばれる状態を経験することもあります。これまでにさまざまな役割に基づいて形成されてきたアイデンティティが，大きく揺れ動かされることとなります。

　人生の折り返し点を越え，残された時間を意識し，老後に備えたこれからの生き方を主体的に選び直し，より納得した生き方へと，人生を再構築する思いが強くなります。このような時期には，結婚への満足度に低下が見られ，また，夫婦関係を形成する早い時期に積み残してきた問題が再燃しやすくなるものと考えられます。

能力がないと思った」がもっとも多く，次いで「相手と関わりたくない」が挙げられています。

　欧米では，子どもがいる夫婦が離婚をした際には，別居する親も子どもの養育費を負担することが義務化されているところが少なくありません。しかし，わが国では平成23年の民法第766条の改正により「子の利益をもっとも優先して考慮しなければならない」という一文が明記されたものの，これに法的拘束力はなく，上記のような現状を生み出しているといえるでしょう。野口（2017）は，このような離婚の際の子どもへの利益を保障しない日本の制度や社会について，欧米やアジア諸国と比較しても「ガラパゴス化している」と述べています。

8.3.3　離婚を経験した子どものメンタルプロセス

　野口（2012）は，「喪失の経験を子どもがどのように受け入れていくのかという，悲哀のプロセスは子どもにとって重要である」と述べています。髙坂・柏木（2017）は，親の離婚を経験した子どもの立ち直りの心的プロセスについて研究しています。図8.7はその立ち直りのプロセスを簡略に図式化したものです。

　ボウルビィの提唱する悲哀のプロセスも同様で，喪失の経験者はある一定の心的過程を経験するといわれています。まず，実際に親が離婚すると，その事実を認められない「否認」の段階を通ります。円満な家庭へのあこがれの感情を抱き，両親がそろった家庭への劣等感を抱きます。また，両親との関係への戸惑いも生じます。そのような状態が子どもを「悲嘆」の状態へと移行させます。この段階では，自分の境遇を他者には知られたくないという感情があり，自分の気持ちを吐き出せない場合が多いといいます。この閉塞感が次第に「怒り」へと変化していきます。アメリカで研究をしていた棚瀬（2001）も，離婚を経験した子どもの悲しみと怒りの感情の重大さに言及し，5年，10年，25年たっても離婚の余波がさまざまな形で影響を及ぼすこともあると述べています。「怒り」は時間とともに，親の離婚はどうしても避けられない事態であり，諦めるしか方法はないという「抑うつ」状態を引き起こします。ここで，「怒り」と「抑うつ」の段階を行き来することも見られます。本音を話すことのできる他者を見つけることができず，気持ちを吐き出すことができない，もし吐き出したとしても他者が受け入れてくれるか不安であるといったサイクルに陥るからだといわれています。

　離婚を経験した子どもの喪失体験からの立ち直りの心的過程の中で特徴的な

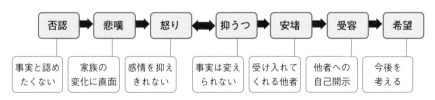

図8.7　**離婚を経験した子どもの心的プロセス**（髙坂・柏木，2017を参考に作成）

コラム 8.3　面 会 交 流

　夫婦が離婚や別居により別々に暮らすとき，未成年の子どもがいる場合には，その子がどちらの親と一緒に生活するかといった，親権や監護権の問題が生じます。同時に，その子が別に暮らしているもう一方の親と接触することをどのように確保するかという問題が生じます。これは「面会交流」と呼ばれています。

　感情をこじらせ，離婚に至った夫婦は，お互いへの信頼感が低くなっているのが普通です。子どもと一緒に暮らす親は，もう一方の親と子どもが接触することを嫌がり，面会交流をさせたくないと主張します。しかし，子どもと離れて暮らす親は，子どもとの関わりを維持したいと考え，面会交流の機会を何とか拡大させたいと主張します。司法統計を見ると，家庭裁判所に持ち込まれる面会交流をめぐっての争いは，年々多くなっています。2009 年に全国の家庭裁判所に申し立てられた面会交流の審判事件は 1,048 件，調停事件は 6,924 件でしたが，2018 年では審判事件は 1,883 件，調停事件は 1 万 3,161 件となっており，最近 10 年間でそれぞれ 2 倍近くになっています。

　面会交流の必要性は親の感情で決めるものではなく，子どもの利益を一番に考えながら検討される必要があります。一般的には，面会交流は，子どもが別居している親から愛されていることを確認し，同居している親との狭い関係に取り込まれずに適度に距離を保ち，一人の人間としてのアイデンティティを確立していくのに有益であるといわれています。家庭裁判所で面会交流の争いが扱われる場合には，別に生活している親から子どもが暴力を受けたり，連れ去られたりする危険性がないか，面会交流の際に同居している親のことを不当に非難されるなどして子どもの精神的な安定が阻害されることがないかといったことが検討され，そうでない限りは積極的に面会交流を認める方向にあるようです。

のは，「安堵」の状態をもたらす他者の存在です。自分の家庭環境や感情を受け入れてもらったというステップが，親子関係を整理し，親との新しい関係づくりに向かう原動力になります。このように，離婚を経験した子どもの立ち直りには，他者からの受容，つまり他者からの支援が必要だといえます。

参 考 図 書

加藤 司 (2009). 離婚の心理学——パートナーを失う原因とその対処——　ナカニ
　シヤ出版

復 習 問 題

1. どうして, 若い人たちの離婚が多くなっているのでしょうか。
2. 離婚が子どもに悪い影響を与えないようにするために, 離婚を考える夫婦はどの
ようなことに配慮すればよいでしょうか。

第 9 章

家族関係を理解する視点・理論にはどのようなものがあるか

> 家族心理学は，1980年代に心理学の一つの領域として確立された，比較的若い学問です（亀口，2019）。しかし，家族の問題は，それ以前から発達心理学，社会心理学，臨床心理学や，精神医学，社会学，文化人類学の領域で扱われており，さまざまな知見が積み上げられています。この章では，家族関係や家族の問題を理解する際の基本となる視点・理論について学びます。

9.1 学際的研究テーマとしての"家族"

　家族関係は，大きくは，親子の関係と夫婦の関係に分けて考えることができます。また，家族を，家族成員一人ひとりの集まりとして考えることも，"家族"というひとまとまりの単位として考えることもできます。発達心理学や臨床心理学の領域では，家族成員個人に焦点を当て，家族の中の個々の人間同士の関わりを中心とした視点での研究が主になされてきました。一方，社会心理学や社会学の領域では，家族を1つの組織や単位として扱い，より大きな集団である地域や社会，あるいは社会制度などとの関わりを中心とした視点での研究が主になされてきました。以下においては，臨床心理学や発達心理学に関わりの深い精神医学，特に力動論的な家族関係の考え方と，社会心理学や社会学との関わりの深い考え方を見ていきます。

9.2 精神医学からのアプローチ

9.2.1 フロイトの精神分析理論

　フロイト（Freud, S.）は，19世紀末に精神分析を創始しました。彼は，無意識の働きに注目し，すべての精神現象は過去の体験，主に幼少時の親や家族との関係に起源を持つと考え，理論づけました（福島，2013）。特に，2，3歳頃の子どもが，両親に向ける愛情と敵意の間で葛藤し，同性の親との同一化によって乗り越えていく過程を"エディプス・コンプレックス"として概念化し（Chemama, 1993），理論の中核的なものとしてとらえています。

　他にも，発達段階に応じて子どもが持つ父母に関する空想から，「自分は父母の本当の子ではない」という"もらい子空想"，「父母より高貴な人の子だ」という"血統空想"，「母と別の男性との間にできた子だ」という"母と父以外の男性との結合空想"などの類型を提示しています。フロイトは，家族像，家族関係像，家族相互認知といった各家族メンバーの心的リアリティに確固たる存在を与えるとともに，これらの形成過程における力動的な機制とその心的機能について，画期的な洞察をもたらしました（小此木，1982a）。

　しかし，フロイトは，家族を，個人が成人し，自立するためには脱出すべき存在であるととらえていました。個人の提示する症状は，患者の中の歪んだ親子関係像に原因があるとされ，親はもっぱら固着や退行の対象として取り上げられるのみで，子どもを養い，保護し，成長させるものとしては理論づけられていません。そのため，外的存在としての家族は，治療関係からは排除すべき存在として扱われました（小此木，1982a）。

9.2.2 アンナ・フロイトの自我心理学

　フロイトの娘アンナ（Freud, A.）は，フロイトの定義した自我（ego）の概念に基礎を置きながらも，適応論的な観点や発生・発達論的な観点を明確にし，フロイトの考えを再構成しました（小此木，1982a）。人間が生存するためには，家族を含めた環境に対する一定の適応が必要です。そこで，生体と環境の相互作用という枠組みから人間の行動をとらえようと考えます。先天的・生物学的

な脳の成熟に規定されるものと，母子関係などの後天的・経験的なものの相互
作用との統合過程が自我の発達であるとし，子どもの症状の治療のためには，
子ども本人だけでなく，子ども自身が多くの時間を過ごす家庭・家族への働き
かけも必要だと考え，親にも治療への参加を求めることとなります。

　この，アンナ・フロイトによって創始された**自我心理学**の流れは，早期の母
子関係と乳幼児の自我発達を系統的に解明し，乳幼児の母親に対する愛着，依
存，分離，対象喪失，悲哀などのプロセスに関して，独自の発達心理学を形成
しました。

9.2.3　対象関係論

　クライン（Klein, M.）は，フロイトの精神内界を重視する姿勢を徹底し，実
際の母との相互作用ではなく，乳幼児の無意識的な幻想における対象（主観的
な母）との関係という観点から理論を再構成しました（小此木・渡辺，1982）。
これを，フェアバーン（Fairbairn, W. R. D.）は「**対象関係論**」と呼びました。
クラインは，子どもの症状の治療に関して，遊戯療法などで子どもの抑圧され
たものに接近が可能であるし，治療への親の協力は，親自身の葛藤が持ち込ま
れて治療関係が複雑化する恐れもあるので，治療者と子どもとの関係を中心に
すべきだと主張し，アンナ・フロイトとは大きく意見を異にしました。

　その後，ウィニコット（Winnicott, D. W.）は，依存という概念を軸にした
情緒発達論を述べ，子どもの内側のみでなく，外側にいる母にも重要な役割を
与えました（牛島，1982）。乳幼児と母とは当初は一体の状態であり，幼い子
どもは母から利益を得るか害を被るかの受身的な立場にあります。母親は社会
に向けられる感覚を父親に肩代わりしてもらうことで乳幼児に自己没頭的に関
わることができます。このとき，"ほどよい母親（good enough mother）"に
よる"抱っこ（holding）"が，幼児の成熟過程を促進することになるとされま
す。また，食事の摂取や排せつが心理的な意味を持ち，母親が乳幼児の発する
信号に応じた交流をすることで，乳幼児は対象関係の基盤を築くことになりま
す。自我の構造化が進み，自分と自分でないものとの違いに気づくようになる
と，子どもは自らの依存にも気づき始め，母の必要性を感じて分離不安を抱く

ようになります。そして，生後24カ月頃には，同一化の過程は，母から父，家族全体，近隣社会へと拡大していくとされます。

9.2.4　ソンディの運命心理学

　ソンディ（Szondi, L.）は，犯罪者の家系には犯罪に関係のある祖先や犯罪に関係のある職業に就いている人が多いことを不思議に思い，考察を加えました（運命心理学）。本人の遺伝的な要因を決定づけるのは，父母や先祖などの"家族"です。家族構成や家庭環境は，本人にとっての必然的な社会環境であり，その人の運命を左右します。ソンディのいう"運命"とは，固定的で変えようのないものではなく，より広く人間の精神生活を規定するものでありながら，よくわからないもののことで，"無意識"と言い換えることも可能です。ある人にとって既定の無意識的なものが定められており，それは祖先の生き方のさまざまな側面を含んだ無意識で，"家族的無意識"といわれます。恋愛対象の選択，主には友人選択で表される理想や理念，遺伝的に類似の傾向を持つ人たちと一緒に過ごすことができる職業選択，ある疾患へのかかりやすさや症状の出し方，あるいは，特異な死に方などが，これに影響を受けているとされます。人は遺伝的に受け継がれた"家族的無意識"に影響されながらも，その中にあるさまざまな可能性の中から，個人や社会に最大のチャンスを提供し得るものを自身で選びながら生活を送ります。祖先が行った誤った選択を無意識的に反復するのではなく，"家族的無意識"を明確に意識し，理解し，祖先がたどった病的運命を反復しないよう，自由な自我の健全な選択を促進すべきだとされます（浅井，1982）。

9.2.5　アッカーマンの家族精神力動論

　アッカーマン（Ackerman, N. W.）の家族精神力動論は，精神分析的な家族理論を代表するもので，さまざまな家族療法を統合する役割を果たしています（小此木，1982b）。人間は相互依存的で未分化な存在です。家族関係は，親子，夫婦のいずれにとっても相互的なもので，一方通行の関係ではありません。また，個人，2人1組，3人1組といった個々の家族関係から構成されるだけで

なく，家族成員全体が1つの有機体としての機能を維持するような連続性も
持っています。誰もが家族や社会から期待される役割と結びつくことにより精
神内界の力動的均衡を保っていますが，どのような社会的役割と結びつくかに
よって自我機能の働きは異なります。特定の個人的欲求を表現するのに適した
一定の社会的環境である家族を選択的に求め，その中で相互依存的に欲求充足
や情緒の共有をすることで初めて精神的健康を維持し発展することができます。

　ここでは，家族は1つの有機体であり，成長と経験，この相互充足の成功と
失敗の基本単位であり，また，疾病と健康の基本単位であるとされます。

9.2.6　リヒターの家族神経症論

　リヒター（Richer, H. E.）は，フロイトが個人の内界について解明した精神
分析理論を，社会という領域に広げてとらえました（**家族神経症論**；渡辺，
1982）。個人にはさまざまな葛藤があり，防衛のメカニズムが働いていますが，
集団にも同じように葛藤と防衛の力動的メカニズムが働いています。個人の葛
藤は，しばしば集団の葛藤の一つの表れであり，それに基づいた防衛機制が働
いています。また，個人が自身の葛藤を自己内部の防衛機制で解決できないと
きには，関わりを持つ相手とのパートナー関係に葛藤を持ち込み，解決しよう
とします。相互に依存的で自律性の乏しい家族は，家族の集団としての葛藤が
固着すると，家族の問題を家族成員の一部に押しつけることや，家族全体が
もっとも病的な家族成員に過剰に同一化するなどして，問題を呈することにな
ります。

9.2.7　ユングの分析心理学

　ユング（Jung, C. G.）は，ある個人の実際的な家族との関係やあり方よりも，
その個人にとっての家族のイメージを重視しました（**分析心理学**）。特に，そ
の人独自のものというよりも，個人の体験を超えた，万人に普遍性を持つ無意
識のうちにある“元型”的なイメージ，たとえば，父親は「切断するもの」，
母親は「包含するもの」といったようなものに重点を置いています。（河合，
1982）。また，原因として過去の家族関係の解明に力を注ぐのではなく，目的

論的な立場から家族関係や神経症状を見ようとしました。"グレート・マザー"といわれるすべてを包含する母親元型との一体感により保護を受けていた子どもは，自我の確立のためには「母殺し・父殺し」をイメージの中で行う必要があります。また，物語によく見られる，英雄の怪物退治の後の結婚には，自立性の獲得と，世界との新しい関係を結ぶことといった意味があるとされます。

9.3　社会学からのアプローチ

　ここまでは，主に個人の視点から家族との関わりについてとらえた精神医学の視点を中心に見てきました。ここからは，家族を1つの単位，集団としてとらえていく社会学での視点を中心に見ていきます。

　社会学的な視点からの理論は，大きく5つの類型に分けることができます（Allen & Henderson, 2017）。①家族関係を，規範，システム，家族を取り巻く社会機構に関係するものとして検討したもの（機能主義的理論，家族発達理論，家族システム理論），②誰が権力にアクセスできるのかという構造的な立ち位置から検討したもの（葛藤理論，フェミニスト理論），③明白なグループ分けを用いて説明したもの（ライフコース理論，家族生態学理論），④分析のユニットとして家族に焦点を当てたもの（家族ストレス・レジリエンス理論），そして，⑤マクロレベルのものを説明に入れているものの，基本的にはミクロレベルのもの（社会的交換理論，象徴的相互作用理論），です。

9.3.1　家族関係を，規範，システム，家族を取り巻く社会機構に関係するものとして検討したもの

　まずは，機能主義的理論です。デュルケーム（Durkheim, 1893）は，産業革命の中で近代化・分業化する社会への考察から，いかに家族が社会から操作され，また，社会に貢献するかを論じています。その流れを汲むパーソンズ（Parsons, 1951）やメルトン（Merton, 1957）は，経済的繁栄や文化目標を達成するために，社会と家族がどのように機能するかを論じています。すべてのシステムは社会維持のための機能を持っており，家族はもっとも重要な社会機

構の一つで，子どもを作り社会化する機能を担っています。また，大きな社会
規範と相互作用することで家族は機能を維持している一方，家族の機能が大き
く変わることで，社会規範も変化していくとされます。

　家族発達理論は，時間の概念を用いて家族を検討した最初の理論です。家族
は，一組の男女の婚姻から始まり，第1子の出生，入学，巣立ちなど，その発
達には，8つの段階が想定され，各段階において期待される役割や発達課題が
想定されています（Duvall, 1957）。また，アルドス（Aldous, 1978）によると，
家族の行動は，家族成員の過去・現在の経験や将来への期待や目標が集積され
たもので，家族は，類似し，一貫した方法で時間経過により発達し，変化する
とされます。その際，家族は，成熟や他者との相互作用だけでなく，社会や環
境によっても行動を引き起こし，その時々の一連の課題を家族自身や広く社会
の人々と一緒になって達成するとされます。

　次に，1960年代に登場した家族システム理論は，家族成員がお互いに影響
し合い，全体としてシステムを構築する関係に焦点を当てています。家族シス
テムは，相互に依存した個人のユニットとして定義され，全体としての家族シ
ステムには，父母，親子，きょうだいなどのサブシステムが含まれています。
家族成員は，システムを円滑に動かすための暗黙の役割・ルールによって動き
ますが，時にはそのルールに気づかないまま行動しています。そして，家族成
員は，家族システムのどの一部に変化が生じても影響を受け，また，その変化
はシステム内のすべてのメンバーに影響を与えます（コラム9.1参照）。

9.3.2 誰が権力にアクセスできるのかという構造的な立ち位置から検討した もの

　葛藤理論は，社会における"持つ者"と"持たざる者"の間の競争を説明す
るための社会理論であり，古くはマルクス（Marx, K.）とエンゲルス（Engels,
F.）によって提唱されたものです。社会は，限られた資源をめぐって常に競争
していますが，家族も同様に，家族内での限られた資源（経済的，文化的，社
会的，象徴的）をめぐって争っています。スプレイ（Sprey, 1969）は，この葛
藤理論を，家族を理解する上でも有用だとしています。家族成員はそれぞれ異

なった興味関心を持っており，決して家族全員を満足させることはできません。資源を分け合う家族そのものが葛藤の原因であり，家族内での葛藤は避けられず，すべての家族は問題を持っています。家族成員がいかに権力に抵抗し，不可避の葛藤を解決するかを明らかにすることに役立ちます。

　次に，フェミニスト理論です。これは，性的平等を獲得する努力を背景にしたもので，偏見や力関係の不均衡を解消し，社会変革に向けての動きを内包しています。長らく特権階級である男性により女性が虐げられてきたこと，女性をエンパワーメントし生活条件を改善すること，女性自身の経験や活動が十分な価値を持つこと，が共通のテーマとして挙げられます。世代とジェンダーが，依然として家族の中で不平等な力関係を維持しており，個人は家族の中でジェンダーを演じていると考えられています。結婚や家族における不平等を扱い，公私において社会変革を追求する理論といえます。

9.3.3　明白なグループ分けを用いて説明したもの

　ライフコース理論は，時間，文化，文脈，家族関係の相互依存性が，人々の生活に影響する方法を理解するための枠組みの一つです。視点は多元的で，心理学からは個人についての視点を，社会学からは社会構造の関係を，文化人類学からは文化の違いを，また，歴史学からは大規模な出来事の与える意味の理解を取り込んでいます。個人と家族の時間経過による発達に加え，社会─歴史的文脈における変化や広がりにも焦点があります。家族成員それぞれが，個人的，家族的，また，歴史的な文脈の中でさまざまな意味づけを行いながら影響し合っています。

　家族生態学理論は，人間生態学と発達心理学にルーツを置く理論です。ベイカー（Baker, 1968）は，個人の行動への環境の影響を吟味し，また，ブロンフェンブレンナー（Bronfenbrenner, 1979）は，個人が生物的，心理的，社会的側面の網の目システムに置かれ発達していく様子を著しました。個人は，取り巻く環境と相互作用する存在であり，個人や家族はより大きなシステムの中にあります。家族と個人は，環境に適応するために，社会の経済的，道徳的信念体系を反映しながら，自身らの信念や行動をダイナミックに変化させていく

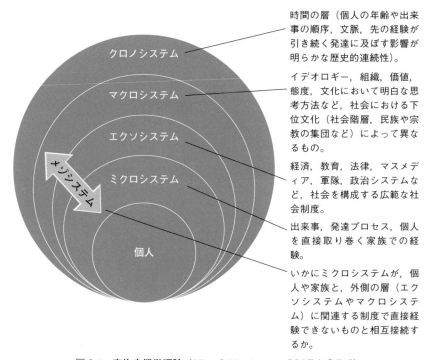

時間の層（個人の年齢や出来事の順序，文脈，先の経験が引き続く発達に及ぼす影響が明らかな歴史的連続性）。

イデオロギー，組織，価値，態度，文化において明白な思考方法など，社会における下位文化（社会階層，民族や宗教の集団など）によって異なるもの。

経済，教育，法律，マスメディア，軍隊，政治システムなど，社会を構成する広範な社会制度。

出来事，発達プロセス，個人を直接取り巻く家族での経験。

いかにミクロシステムが，個人や家族と，外側の層（エクソシステムやマクロシステム）に関連する制度で直接経験できないものと相互接続するか。

図 9.1　**家族生態学理論**（Allen & Henderson, 2017 から作成）

存在です。家族や家族成員が，より大きなコミュニティや社会制度などと影響し合いながら，いかに変化していくのかを分析する際には，いくつかの分析のレベルがあります。近しい家族や仲間たちとの日常の接触をもとにする「ミクロシステム」，経済やメディア，刑事機構などの社会制度との関わりを含めて考える「エクソシステム」，文化やイデオロギーなどのより広い範囲での関わりを検討する「マクロシステム」，時間の影響などの目に見えないものを含めて考える「クロノシステム」の4つの層が想定されます。また，ミクロシステムが，他のエクソシステムやマクロシステムとどのように関わっているのかを橋渡しする「メゾシステム」も想定されます（図 9.1）。

9.3.4　分析のユニットとして家族に焦点を当てたもの

家族を含め，すべての個人は，対処が必要なストレス経験から逃れることは

できません。家族ストレス・レジリエンス理論は，家族がこのストレスにどのように対処するかを扱ったものです。家族ストレスは，個人と家族が機能的に働くことを妨害し，適応には時間を要するものです。しかし，そのような否定的な側面だけを持つものではなく，乗り越えることによって個人や家族の成長にもつながるものです。レジリエンス（resilience）とは，ネガティブな結果をもたらす出来事にいかに反応し，乗り越え，より強くなるのかを表現する言葉です。

　ヒル（Hill, 1949）は，家族が危機にどのように適応するかを説明する「ABCXモデル」を発表しました。要因 A は，ストレッサーで，突然に起こる出来事を意味します。要因 B は，出来事が生じたときの心理社会的資源や家族の強さを意味します。要因 C は，家族がその出来事をどのように意味づけるかを意味します。また，要因 X は，これら ABC の要因がもたらす危機を意味します。ABC の要因の中で，要因 C，すなわち，ストレッサーに対する家族の知覚がもっとも重要なものとされます（図 9.2）。

　マックキャビンとパターソン（McCubbin & Patterson, 1983）は，ヒルのABCX モデルを発展させ，家族が長期にわたり重なるストレッサーにいかに対処するかを示す「二重 ABCX モデル」を発表しました（図 9.3）。また，パター

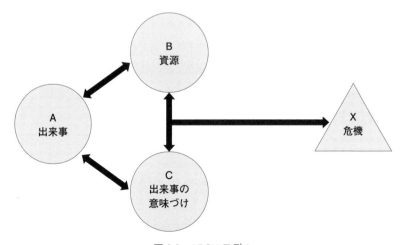

図 9.2　**ABCX モデル**

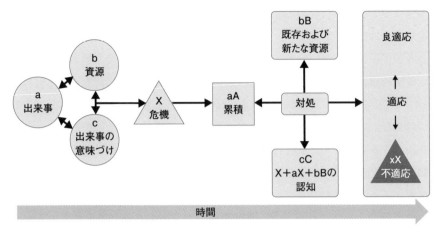

図 9.3 二重 ABCX モデル

ソンとガーウィック（Patterson & Garwick, 1994）は，家族がいかにストレス
フルな状況に意味を見出すのかに着目し，家族の適応部分に焦点を当てた
FAAR モデル（Family Adjustment and Adaptation Response model）を発表して
います。このモデルでは，ストレスフルな状況に対する意味づけを，状況的意
味づけと全体的意味づけの 2 つのレベルでとらえています。状況的意味づけと
は，家族成員それぞれが持っている主観的なストレス対処の能力についてのも
のです。一方，全体的意味づけとは，家族が状況を越え，また，家族内および
より大きなコミュニティとの関係について，より安定した信念を発展させる方
法についてのものです。

9.3.5 マクロレベルのものを説明に入れているものの，基本的にはミクロレベルのもの

　社会的交換理論は，すべての人間関係は，コストと利益，参加者に可能な資
源の交換という用語によって理解できるとし，家族に起こる問題もこの観点か
らとらえようとするものです。交換の対象には，情緒的な支援，コネクション，
信頼，感謝など，二者間において交換可能なものすべてが含まれます。人間は
自分本位に行動し，かつ，お互いに依存していることが仮定されており，家族

関係においても，自身のことを一番に考え，自身にとってベストであることを家族成員は行おうとします。しかし，このとき，文化的水準によって規定される「公平・公正」といった互恵性の社会規範との比較が重要な要素となります。

　象徴的相互作用理論は，家族を研究する領域でもっとも影響力のある理論の一つです。これは，毎日の生活において，いかに私たちが対象を定義して意味づけをし，いかに社会構造が私たちの家族観に影響を与えるのかといったことを検討するものです。象徴的相互作用理論は，客観的な真実はなく，社会的な相互作用を通じて，客体を見るときに持つ主観的経験が作られるというプラグマティズムを背景に持っています。クーリー（Cooley, 1902）は，個人が自己という概念を発達させるとき，重要な他者からどのように見られているかといった，重要な他者との相互作用が大きく働いているとし，このプロセスが家族関係の中で生じているとします。また，ミード（Mead, 1934）は，心の発達はシンボルや言語の使用等によって発達することを唱え，言語の習得に当たっての家族や養育者との相互作用の重要性を述べています。

9.4　ま と め

　家族関係をとらえる視点，理論には，夫婦，親子という家族の最小単位での関係をとらえたものから，家族成員全体やそれを取り巻くコミュニティ・社会機構との関係を含めたものまで，多様なものがあり，それぞれ一長一短があります。またこれらは，理論を形作る際に，当時の欧米の白人中産階級の家族観をもとにしたものが多く，人種や民族の違い，再婚や養子縁組などの血縁関係を越えた家族，同性婚など，拡張する新たな家族の形態などに十分対応できていないものもあります。理論を適用する場合には，そのような視点も持っておく必要があるでしょう。

コラム 9.1　家族システム論に基づく治療的介入

　家族システム論をもとにした治療的介入には多様な学派があります。ボーエン（Bowen, M.）は，個人や家族の問題を，何世代かにわたる家族の発展の歴史という文脈の中で理解しようとし，「多世代派」と呼ばれます。ミニューチン（Minuchin, S.）は，家族の関係性を，境界，連合，権力といった構造的側面からとらえようとし，「構造派」と呼ばれます。ヘイリー（Haley, J.）は，理想的な家族像を描かず，今ここで起こっている家族内のコミュニケーションのあり方を明らかにして介入しようとし，「コミュニケーション派」と呼ばれます。また，エリクソン（Erickson, M.）は，治療者がどのように介入することで家族の変化をもっとも引き出せるかに焦点を当てており，「戦略派」と呼ばれます。

参 考 図 書

Allen, K. R., & Henderson, A. C.（2017）. *Family theories: Foundations and applications*. Wiley: UK.

加藤 正明・藤縄 昭・小此木 啓吾（編）（1982）. 講座家族精神医学1　家族精神医学の基礎理論　弘文堂

復 習 問 題

1. さまざまな理論の中で，あなたはどの理論に興味を持ちましたか。その理論について，詳しく調べてみましょう。

コラム 9.2　映画『万引き家族』

　これは，2018年6月8日に公開され，第71回カンヌ国際映画祭でパルム・ドール（最高賞）を受賞した，是枝裕和脚本・監督の映画です。映画のホームページでは，次のように紹介されています。

　「高層マンションの谷間にポツンと取り残された今にも壊れそうな平屋に，柴田治と信代の夫婦，息子の祥太，信代の妹の亜紀の4人が転がり込む。彼らの目当ては，この家の持ち主である祖母の初枝の年金だ。足りない生活費は，万引きで賄っていた。社会という海の底をひっそりと漂うような家族だが，なぜかいつも笑いが絶えず，互いに口は悪いが仲良く暮らしていた。そんな冬のある日，近隣の団地の廊下で震えていた幼いゆりを見かねた治が家に連れ帰る。体中傷だらけの彼女の境遇を思いやり，信代は娘として育てることにする。だが，ある事件をきっかけに家族はバラバラに引き裂かれ，それぞれが抱える秘密と切なる願いが次々と明らかになっていく——」（『万引き家族』公式ホームページより）

　この映画の内容を家族心理学の理論に当てはめて理解しようとすると，次のようになるでしょう。社会の底辺にいるこの家族は，さまざまな困難を抱えていますが，この家族の中でも，古いながらも住まいを持ち，年金収入がある祖母は，"持てる者"として特別の位置にあります（葛藤理論）。そして，金銭や住居の提供を受ける家族は，愛情など，情緒的なものを交換し合っています（社会的交換理論）。

　第2の子としての女児の出現で，家族は新たな段階に至り（家族発達理論），これまでの家族関係とは異なる様相を呈し始めます（家族システム理論）。また，女児の実の母親は，自身が夫からの暴力を受けながら，マスコミからは虐待母として非難されます（フェミニスト理論）。新たな家族は，この女児にとっても居心地のよい場所となっていきます（機能主義的理論）。

　"妹"の存在，年齢的な発達，取り巻くコミュニティの一つである駄菓子屋の主人の言葉を契機に，長子は万引き行為に対する意味づけに揺らぎを見せ始め（象徴的相互作用理論），家族関係のあり方が動いていきます（家族生態学理論）。家族は，失業などの経済的問題には楽観的で家族としての強みを発揮しますが，その後に長子が引き起こす状況には対処できず，崩壊のプロセスを歩み始めます（家族ストレス・レジリエンス理論）。

第**10**章

家族関係はどのように査定するのか

ここまでの章では，家族のさまざまな様相について見てきました。それでは，家族関係をより精密に見ていくためにはどのような方法を用いればよいのでしょうか。そのためにはモデルを用いたり，さまざまな査定法を用いて家族をとらえることが必要となってきます。本章では，まず，生物—心理—社会モデルにより，家族を総合的にとらえる方法を見ていきます。次に，家族関係を査定する方法にはどのようなものがあるのかを学ぶため，さまざまな査定法を比較し，メリットとデメリットを検討します。最後に，家族関係を把握するツールであるジェノグラムの書き方と具体的な事例について紹介します。

10.1 生物—心理—社会モデルを用いた視点

10.1.1 生物—心理—社会（BPS）モデルとは

医療（精神医療）や心理臨床の現場では，要支援者を援助する際に，生物

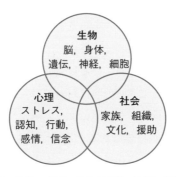

図 10.1 **生物—心理—社会モデル**（山蔦，2018）

生物的
体に原因があるのかな

心理的
ストレスを抱えていないかな

社会的
学校の友達や先生との関係はどうかな

図 10.2　頭痛を訴える A 君のアセスメント

―心理―社会モデルをもとに，要支援者の状態を総合的に把握することが求められています。図 10.1 に示したように，私たちは生物的（bio）要素，心理的（psycho）要素，社会的（social）要素の 3 要素を合わせ持ち，生活しています。さまざまな問題や障害に対してアプローチする際に，要支援者の抱える問題に関する客観的情報，原因や悪循環につながる要因の分析などのアセスメントが必要となります。有効なアセスメントには，より多面的な視点からの情報が効果的に作用します。

　たとえば，頭痛を理由に不登校になっている A 君のアセスメントを行うとします。図 10.2 に示したように，まずは頭痛の原因が A 君の体にあるのではないかと考え，病院へ行きます。検査の結果，身体に異状は見つかりませんでした。そこで，A 君は何かストレスを抱えていて，それが身体症状となって表れているのかもしれないと考えます。さらに，A 君を取り囲む人間関係の要因が，そのストレスの引き金になっている可能性も考えます。

　また，亀口（2010）は，家族心理学において個人を中心とした心理学パラダイムには限界があり，多種多様な要因によって構成される「ハイブリッド（異種混交）型」の理論構築が必要であると述べています。そこで，図 10.3 に示したように，家族システム（第 9 章参照）を中心として複数の要因を総合的に把握し，アセスメントの一助とすることが求められます。

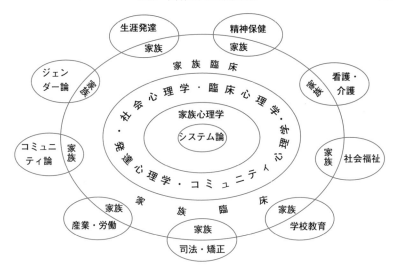

図 10.3　**家族心理学の統合的役割**（亀口，2010）

10.2　**具体的な査定方法**

10.2.1　**観察法**

　観察法は，検査者が客観的に被検査者を見て，記録する方法です。観察法は，一般的な実験法に比べて拘束が少なく，被検査者の自由で自発的な反応が得られる利点があります。また，行動や思考を場面や文脈の中で全体的にとらえようとする生態学的妥当性（BPS の視点）を重視した方法であるともいえます（塩見，1998）。家族のやりとりを観察し分析を行う方法の中でも，検査者が面接中に直接観察を行うものを直接観察法，ビデオなどに家族の様子を収め，後に分析するものを間接観察法と呼びます。

　また，心理査定法を家族のコミュニケーションに介在させ，そのやりとりを分析する「家族ロールシャッハ・テスト（Family Rorschach Test）」があります。元来ロールシャッハ・テストは個人の内界の属性を測定するために開発されたものであるのに対し，家族ロールシャッハ・テストはロールシャッハ図版を複数の家族メンバーに同時に実施し，その相互交流を測定する目的で使用さ

れます。

　家族ロールシャッハ・テストを用いた面接を行っている馬場（1989）は，面接過程において「誰が強くて支配権を持ち，誰がそれに従うのか，家族は割れて対立しやすいとか，母親は誰に味方しやすいといった歪みなどが表れてくる」と述べています。しかし，このような観察による家族査定には，家族の表現様式が非常に多様であること，数量化の難しさ，観察者による主観的評価という非客観性の問題もあります。

10.2.2　描 画 法

　描画法は，一定の課題に合わせて絵を描くように求め，描かれた絵から査定する方法です。代表的なものとして，1 本の木を描かせるバウムテスト，家と木と人を描かせる HTP などがあります。先の家族ロールシャッハ・テストに類似した査定法としては，観察法と描画法を組み合わせた「合同家族描画法」と「家族診断画法」があります。「家族診断画法」が主にクライエントである子どもの家族認知を対象とするのに対し，「合同家族描画法」には，家族を一単位として扱い，メンバー間の相互交流と葛藤を投影的および行動的にとらえようとする意図があります。したがって，合同家族描画法では，描画を介した家族のコミュニケーションを通して，その家族病理を把握し，家族療法への方向づけを行います。また，家族メンバーが完成した描画について意見を述べ合うことが行程に含まれており，この段階で評価と治療とが一体となって展開されています。

　「家族診断画法」は 3 つの作業（なぐり描き，家族の肖像画，家族の共同作業による壁画）が組み合わされた家族査定法です。個人の描画の状態だけでなく，メンバーの描画に対しての反応，描画中のコミュニケーションの偏りも考慮します。「動的家族画法」と「円枠家族画法」の 2 つの査定法は，クライエント個人を対象にしている点では，従来の家族画法と異なる点はなく，結果はあくまでも 1 人のクライエントの内的な家族像を理解するという観点から分析が行われます。

10.2.3 質問紙法

質問紙法は，質問紙を用いて被検査者の属性，心理状態，行動傾向などを回答してもらう方法です。質問紙法はもっとも普及した検査法で，利点としては，実施が容易であること，集団に対して検査できること，検査の解釈に経験を要しないこと，広範囲の内容を盛り込めることなどが挙げられます。よく用いられるものとして，以下のようなものがあります。

TK式診断的親子関係テストは，「親の自己評価」と「子どもから見た親の客観的評価」の2つの角度から家族認知を査定します。「拒否」「支配」「保護」「服従」「矛盾・不一致」の5つの親態度を測定することができます。

CCP親子関係診断検査は，親に対する子どもの認知像を査定します。「母子関係」「父子関係」において，「受容（統制・服従）」「拒否（支配・拒否・無関心）」の5つの親態度を測定できます。

FACES（Family Adaptability and Cohesion Evaluation Scale）は，円環モデルの実証研究の中で生み出された家族機能を測定する質問紙で，家族全体の機能を測定することができます。現在，FACESは，50項目のFACES II，30項目の改訂版FACES II，20項目のFACES III と改訂が重ねられています。

10.2.4 シンボル配置技法

シンボル配置技法は，空間に家族関係やそれを取り巻く人間関係を投影させ，被検査者の対人認知を把握しようとするものです。Family System Test（FAST）はゲーリング（Gehring, 1985）によって開発された査定法で，チェスのボードに類似したものに木製の人形を配置します。また，人形の下にブロックを重ねることにより，高さに変化がつけられるようになっています（図10.4）。また，日本で開発されたシンボル配置技法に Doll Location Test（DLT）があります（八田，1977）。これは，ミニチュアの人形を円が描かれた盤上に配置させ，クライエントの家族を含む人間関係を把握しようとする検査です（図10.5）。人形間の距離は，家族の成員間の親密さを反映するとされています。

家族関係図式投影法と称される「家族イメージ法（FIT）」（亀口，2006）も日本で開発された家族査定法であり，シンボル配置技法と同種の機能を持って

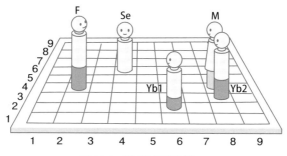

図 10.4　**FAST の配置例**

Se は自分，F は父親，M は母親，Yb1 は上の弟，Yb2 は下の弟を表します。

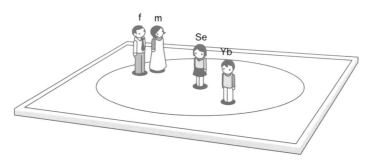

図 10.5　**DLT の配置例**

Se は自分，f は父親，m は母親，Yb は弟を表します。

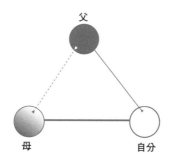

図 10.6　**FIT において表現された家族イメージの一例**（亀口，2006 を参考に作成）

○印は人を，○印内の濃さは影響力の差を，○印を結ぶ線の太さは結びつきの強さを，矢印は向いている方向をそれぞれ表します。シールの色が濃いほど，その人物の影響力が強いことを示します。シールの間を結ぶ線は，人物同士の結びつきの強さを表します。線が太いと結びつきが強いとされるので，この場合，自分と母の親密さが最も強く，次いで自分と父，父母間の順となります。

います。FITは，顔を模したシールを家族に見立て，紙の上に貼っていく検査です（図10.6）。シール間の距離は親密さを表し，シールの色の濃淡が影響力の程度を表します。

10.3　家族査定法の比較

10.3.1　被検査者と評価対象との関係

　さまざまな家族査定法を概観してみると，それぞれの検査により，被検査者（クライエント）と評価対象が異なっていることに気づかされます。図10.7にその関係のパターンを図式化してみました。Aタイプは家族の中の1人が検査を受け，検査の中で家族メンバーを個々に評価するものです。TK式診断的親

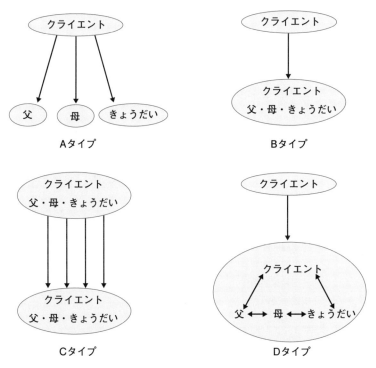

図10.7　**家族評価における（クライエント）被検査者と評価対象との関係**

子関係テストなどの母親の養育態度に関する質問紙に，子どもが回答する場合がこれに当てはまります。Aタイプの評価関係では，クライエントの家族メンバーの一人ひとりへの認知は把握できますが，たとえば父と母との関係，さらに家族全体の相互関係は見えにくくなっています。Bタイプは個別面接において，クライエントが家族メンバー全体を1つのまとまりとして評価するものです。家族診断画法，FACESなどがこれに当てはまります。Bタイプでは家族全体の姿が把握できますが，Aタイプとは逆に個々人への認知が把握できにくいというわけです。Cタイプは複数の家族メンバーが面接に参加し，共同で家族を評価するパターンであり，家族ロールシャッハ・テスト，合同家族描画法，家族診断画法がこれに当てはまります。Dタイプは，家族全体という上位システムとその構成要素である下位システムを同時に評価することが可能です。

　これまでに紹介した査定法を一覧にまとめ，①「評価対象のバリエーション」の2つの視点と，②計量的な分析が可能であるかの視点から再検討しました（表10.1）。この分類表を見ると，たとえば家族ロールシャッハ・テストや合同家族描画法といった複数の家族メンバーで検査に取り組む査定法を除いて，質問紙法の大半とシンボル配置技法のうちFASTを除いたすべての査定法が個人を被検査者としています。また，家族全体か下位システムのいずれかが評価

表 10.1　家族査定法の比較

査定法	テスト名	被検査者		評価できるシステム		分析
		家族	個人	家族全体	下位システム	計量化
観察法	家族ロールシャッハ・テスト	○		○		
描画法	合同家族描画法	○				
	家族診断画法	○				
	動的家族画法		○		○	
	円枠家族画法		○		○	
質問紙法	親子関係		○		○	○
	FACES		○	○		○
シンボル配置技法	FAST	○	○	○	○	○
	DLT		○	○	○	○
	家族イメージ法		○	○	○	○

対象となる査定法が多い中，シンボル配置技法は家族全体も下位システムも同時に評価することができることがわかります。計量化の視点から考えれば，観察法，描画法などは結果の計量化に困難が伴う場合が多いといえます。このように査定法の特徴を整理し，どのようなメリットとデメリットがあるのかを検査者が把握することで，より有効なアセスメントが可能となります。

10.4　ジェノグラム

10.4.1　ジェノグラムとは

　要支援者への援助を考える際に，家族関係を把握するツールとしてジェノグラムがあります。ジェノグラムとは，言わば家系図のことで，臨床心理学の領域のみならず，保健医療・教育・司法などの分野においても広く用いられています。みなさんも，一度は目にしたことがあるのではないでしょうか。ジェノグラムの書き方には規格のような決められたルールはありませんが，一般的な書き方として図 10.8 を参考にしてください。

　ケースカンファレンス（職場内の会議）はもちろんですが，連携する機関との話し合いの場にも，ジェノグラムを作成し，要支援者を取り巻く家族を視覚的にとらえることは，非常に役に立ちます。

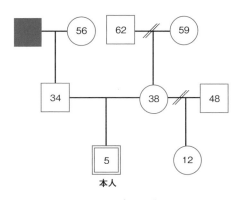

図 10.8　ジェノグラム
女性は○，男性は□で表現し，クライエント本人は二重で表現します。上から祖父母，父母，子世代とつながり，死去の場合は色塗りで表現します。数字は年齢を表します。

10.4.2　ジェノグラムを活用する──事例で見るジェノグラム

　次に，具体的な事例を通してジェノグラムからどのようなことがわかるのか考えてみましょう。相談室に来た A 男さんと B 子さんの夫婦は，育児に関する意見の食い違いが問題となっており，離婚まで考えています。二人には C ちゃんという娘さんがいます。C ちゃんに対して非常に過保護な A 男さんに対して，B 子さんは不満を持っています。反対に，C ちゃんに対して放任すぎると思っている A 男さんは，B 子さんの子育てに不満を持っています。夫婦と子どもとの関係をジェノグラムにすると図 10.9 のようになります。A 男さんと B 子さんは同い年で，同じ時代を過ごしてきました。なぜ子育てに関する考え方に食い違いが起こるのかはこのジェノグラムからは何も見えてきません。

　それでは，図 10.10 を見てみましょう。これは C ちゃんを含む 3 世代のジェノグラムです。家族関係を 3 世代に広げてみると，まず A 男さんは兄弟の兄，B 子さんは姉妹の妹であることがわかります。また，それぞれの両親の年齢に大きな差があることもわかります。C ちゃんに対する子育てに関する意見の食い違いは，A 男さん B 子さんが育った家族の中にあるのかもしれません。ジェノグラムからヒントを得たカウンセラーは，二人がどのような子ども時代を過ごしたのかをそれぞれに聞いていきました。そこから得られた気づきをきっかけに，C ちゃんをめぐる子育ての食い違いをお互いが受け入れることができ，二人は歩み寄ることができました。

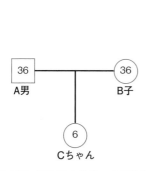

図 10.9　家族 3 人のジェノグラム

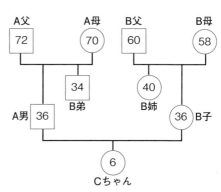

図 10.10　拡大した家族のジェノグラム

コラム 10.1　ジェノグラムを作成してみましょう

『ちびまる子ちゃん』は，さくらももこ原作の大変人気の高い漫画・テレビアニメです。図 10.11 は早樫（2016）によって作成されたちびまる子ちゃん一家のジェノグラムです。

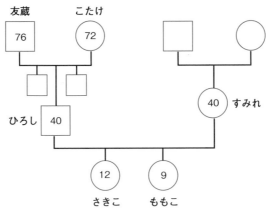

図 10.11　**ちびまる子ちゃん一家のジェノグラム**（早樫，2016）

これを参考に，『サザエさん』一家のジェノグラムを作成してみましょう。家族メンバーは以下の通りです（カッコ内の数字は年齢）。

【標準問題】

①波平（54）

②フネ（50 ～ 52）　波平の妻

③サザエ（24）　波平，フネの長女

④カツオ（11）　波平，フネの長男

⑤ワカメ（9）　波平，フネの次女

⑥マスオ（28）　サザエの夫

⑦タラオ（3）　マスオ，サザエの長男

【発展問題】

⑧ノリスケ（24 ～ 26）　波平の妹（なぎえ）の息子

⑨タイ子（22 くらい）ノリスケの妻

⑩イクラ（1 ～ 2）ノリスケとタイ子の息子

⑪海平（54）波平の双子の兄

参 考 図 書

氏原 寛他（編）（2006）．心理査定実践ハンドブック　創元社

築地 典絵（2007）．シンボル配置技法による家族関係認知の研究——Doll Location
Test と Family System Test——　風間書房

復 習 問 題

1. 家族査定法にはどのような種類があるでしょうか。主なものを挙げてみてください。

2. あなたの家族のジェノグラムをわかる範囲で作成してみましょう。

第 **11** 章

家族関係を変容させるには どうすればよいのか

ここまでの章では，家族についてのさまざまな問題と，それを査定する方法について見てきました。次に，そのような家族の関係を変容させるための方法として，家族療法について見ていくことにします。まず，家族療法とはどのようなものなのかについて，隣接領域と共に学びます。次に家族療法の歴史，さらにはその実際についても学んでいきます。

11.1 家族システムと家族療法

11.1.1 家族と関わるということ

家族療法とは，家族を対象とした心理療法の総称です。家族療法では家族の相互作用，感情面の関係や脈絡，行動のパターンや過程に注目し，その変化を通じて問題を解決しようとします。ここで一つ考えておかなければならないのが，家族システムと家族療法との関係です。若島（2001）は「面接室に家族メンバー全員を参加させる」というイメージは家族療法に対する誤解の一つであると述べており，西村（1999）も「家族療法は必ずしも，家族全員を面接する必要はなく，面接の形態は必要に応じて変えられる」と解説しています。実際にクライエントを援助する際に，クライエントの症状を形成する家族全体の相互関係を理解することは重要ですが，家族の相互関係の見立てに際し，個人が情報提供者となることも大いにあります。

氏原（1993）は，「場」の考え方を取り入れ，クライエント個人に関わることが「図」の部分であり，家族の問題が「背景」であるとしています。個人が

家族の問題につまずくのは，本来背景にあるべきものが図の部分に突出し，場としてのスムーズな相互作用が妨げられているためであると考えられます。「家族を一つのまとまりとしてアプローチする」ことと，「家族メンバー全員を面接する」こととは同義ではないとすれば，個人療法においても，クライエントが家族の中で担ってきた役割を考慮して家族システムを明確化することは，治療上極めて有益であると考えられます（古宮，2002）。

11.1.2　家族援助のための家族療法

　家族療法と称される心理治療の一領域は，時には複数の家族を対象とする場合もあります。ただし，1人のセラピストが複数の相手を同時または並列的に面接するということは稀で，大半の場合は複数のセラピストがチームを組んで密接な情報交換を行いながら進めています。

　図11.1は，中釜（2010）が紹介している親子関係援助のための面接形態を図式化したものです。母子が別々のセラピストにより面接を受け，次には父親

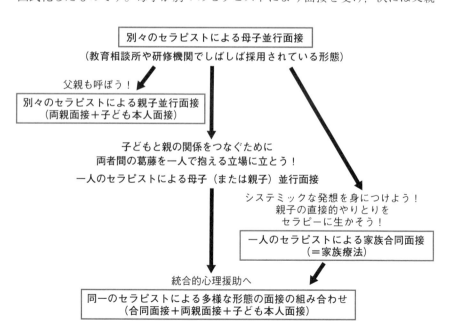

図 11.1　**親子関係援助のための面接形態相互の関係**（中釜，2010）

を含んだ両親面接へと移行します。さらに，1人のセラピストによる両親と子どもの家族療法が実施されます。また，同一のセラピストがこれらの複数のパターンの面接を1人で実施するという場合も想定されています。このように，状況に応じて多様な形態の面接を組み合わせることにより，統合的な心理援助が可能となります。

11.2　家族療法の歴史とその開拓者

11.2.1　家族療法の歴史

　1950年代に，主に欧米において家族を1つのまとまりのある単位と見て臨床実践を試みる心理療法家たちが出てきました（表11.1）。1960年代に入り，家族療法は実践展開されはじめましたが，1960年代のはじめにおいては，家族全員での合同面接は，精神医学界の常識では，まだ考えられないスタイルでした。しかし，1970年代に入ると，家族内の人間関係に積極的に介入するための理論と実践に関する研究が盛んに行われ，心理療法の対象も個人から家族へと移り，家族面接の試みが始まります。1980年代に入ると，70年代に生まれたさまざまな学派を統合しようとする動きが生まれ，さらには国際化も進行しました。わが国に導入されたのは，ちょうどこの頃となります。

　1990年代に入ると，これまで明確だった学派の垣根がなくなり，むしろアプローチの違いとして見なされるようになりました。また心理学研究において質的研究法が見直されるようになりました。人々の語りに注目する動きは「ナラディブ・ターン」と呼ばれ，家族療法にも影響を及ぼしています。

11.2.2　家族療法の開拓者

　アメリカの精神科医であるボーエン（Bowen, 1978）は，1950年代に始まった家族療法のパイオニアであるといえます。ボーエンは患者とその母親を病院内に一緒に住まわせ，患者と共同生活をさせるというユニークな治療を開始しました。後には父親も交えて家族全員が病院内で共同生活を送るという大胆な治療方法を打ち立てました。ボーエンは，個別化が不十分で，家族集団に融合

表 11.1　**家族療法の歴史**（亀口，2010）

50 年代 **（発見の時代）**	家族療法は，他の多くの心理療法とは異なり，特定の個人によって創始されたものではない。むしろ，複数の心理療法家によって同時多発的に「発見された」とみるべきである。50 年代の心理療法界では，個人の精神内界にこそ心の秘密を解き，また治療的変化を引き起こす仕組みが存在すると仮定されていた。初期のベイトソン・グループもアッカーマンも，行動観察や臨床経験の蓄積の中から，当時の通説に反する家族療法のアイデアを，「発見」したのである。
60 年代 **（実践展開の時代）**	家族療法を主目的とする民間の治療・研究機関が設立され，心理療法の一形態としての家族療法が実践展開されはじめた。同時に，全米各地に誕生した家族療法家が互いの臨床経験をもちより，情報交換を行うための会合がもたれるようになり，専門の学術機関誌や単行本も発行されるようになった。
70 年代 **（拡大・発展の時代）**	この時期に，家族療法の主要な理論や技法が輩出した。家族療法は，予想もされなかった大発展をとげ，治療対象も初期には分裂病や非行が中心であったが，他の精神疾患，薬物およびアルコール依存，各種の身体疾患，児童および成人の情緒障害，夫婦関係，親子関係をも含むようになった。臨床家や研究者の組織化はさらに加速し，最大の組織である米国夫婦家族療法学会（AAMFT）の会員数は，8,000 人台にまで増加した。
80 年代 **（専門化の時代）**	ある種の社会運動のように量的な拡大をとげた家族療法が，その理論的基盤を再確認しはじめた時期である。家族療法の各学派を理論的にも技法的にも統合しようとする試みが登場した。また，米国以外の国々に家族療法が広まることで，国際化が進行し，逆に米国の家族療法家がその影響を受けるようにもなってきた。
90 年代 **（統合化の時代）**	80 年代の家族療法家は，ある特定の治療学派に自らを同一視する傾向が強かった。しかし，各学派のカリスマ的な影響力を持った創始者が相いついで亡くなり，90 年代には明確だった学派間の境界はしだいに不明瞭になった。現在では，学派の違いというよりも，アプローチの違いとして語られるようになっている。この傾向は，21 世紀にはさらに強まるものと予想されている。

してしまっている家族メンバーは不安を抱えやすいという理論前提に立ちます。さらに，両親が不安を抱えていれば，母子共生的な融合状態が生じやすくなり，親世代の夫婦間の不安が次世代に伝達されることを見出しました。そこで，ボーエン派の家族療法の目標は個別化と自立性の促進に向けられ，家族援助は，家族メンバーの家族システム内での個別化の程度と自立の程度を判断することを重視しています。

　ベイトソン（Bateson, 1972）は，統合失調症の患者とその家族とのコミュニ

ケーション過程の研究に取り組みました。そして，それらの家族内で交わされる会話には，2種類のメッセージ性が込められていることがあるのを発見しました。たとえば，「もう怒っていないから」と言葉を発した際に，その言い方が通常よりも大声であったり，口調が荒々しい場合には，言われた側は言葉で発せられた内容を鵜呑みにはできなくなります。家族という特殊な人間関係の中では，このような現象が生じていることにベイトソンは気づいたのです（ダブルバインド理論）。彼は，この背景にはそのような家族にしかあり得ない独特の関係性が影響していると考え，治療対象を患者個人から患者を含んだ家族におけるコミュニケーション過程ととらえたのでした。

　ミニューチン（Minuchin et al., 1967）は，小児精神科医としてニューヨークのスラム街で非行少年の心理治療に従事していました。彼は，非行少年の更生に向けて治療に誠実に携わりましたが，他の地域に居住する非行少年と比べてスラム街に居住する非行少年への治療効果が今一つ上がらないことに悩みました。やがて，彼はスラム街で生活する非行少年の家族に関して，他の子どもたちとは異なる興味深い事実に気づきました。それは，スラム街の非行少年の多

●ミニレクチャー 11.1　家族療法の適用範囲●

　表11.2は家族療法の適用範囲とされる主な疾患や問題について示しています（中村，2017）。不登校から肥満の問題まで，幅広く適用可能であることがわかります。

表 11.2　**家族療法の適用例**（中村，2017）

子ども・青年における適用	
問題行動	不登校，家庭内暴力，ひきこもり，自傷行為，非行，薬物乱用，抜毛など
精神疾患	摂食障害，境界例，強迫性障害（特に巻き込み型），過換気症候群，外傷後ストレス障害（PTSD），精神遅滞（知的障がい）の心因反応，注意欠陥多動性障害（ADHD），発達障害など
心身症	アレルギー疾患，喘息，胃腸障害，肥満など
成人における適用（夫婦療法を含む）	
問題行動	児童虐待，DV，性機能障害，浮気，帰宅拒否，ギャンブル依存など
精神疾患	うつ病，不安障害，恐怖症，PTSD，境界例，高齢者の精神障害など
心身症	アレルギー疾患，胃腸障害，糖尿病，本態性高血圧，肥満など

くには，家族内に犯罪者をはじめアルコール依存患者等，何らかの問題を抱え
ている家族成員がいること，また家族内の関係性が必要以上に密接，または疎
遠であることでした。そこで彼は，非行少年を更生させるためには，非行少年
のみを治療の対象としていくら関わりを持っても効果は上がらないと考え，治
療対象を個人ではなく家族全体へとし，非行少年の立ち直りを図りました。そ
の結果，少年たちの更生の度合いは飛躍的によくなりました。このミニューチ
ンの治療法は，後に構造派アプローチと称されるようになりました。

11.3　家族療法の実際

11.3.1　構造的家族療法

　ミニューチンの構造的家族療法（structural family therapy）のモデルでは，
父親と母親が連合（サブシステム）しており，両親と子どもとの間に適度な境
界線（世代間境界）を持つ家族構造が健全であると考えられています。表
11.3 は，中釜（2010）が行った模擬家族療法の内容を紹介したものです。不
登校が主訴の女子中学生と両親，セラピストとの短いやりとりが紹介されてい
ます。短いやりとりですが，家族システムが少し変化する様子が見てとれます。
前半のやりとりの中では，「長女は面倒見がいい」と感じている両親がその気
持ちを言葉にします。その両親の返答がしっくりこない長女は煮え切らない態
度を示します。セラピストの介入の後，長女は「母親が弟に甘い」と気持ちを
吐露します。

　後半のやりとりの中では，母親がこれまで抱いてきた長女への印象と，面接
の中で見せる長女の姿との違いに直面し，「本当は違うのかもしれない」と内
省しています。中釜（2010）は，「2 人が近づいたと見ることもできるし，意
見の違いがはっきりした，つまり，バウンダリーが明確になり融合状態が解か
れたととらえることもできる」と述べています。

　さらに，家族に望ましい変化をもたらすために必要とされるのが，セラピス
トの公平性です。特定の家族メンバーのみに共感するのではなく，常に偏らな
い立場を保ち続けることが重要です。

表11.3　**家族療法の実際の流れ**（中釜，2010）

抜粋1──初回面接前半のやりとりから

Th（セラピスト）：（長女に向かって）どうですか？
　お父さん，お母さん2人から，よく見ててくれるっていうコメントは一致して出てきたんだけれど，そう言われると。
長女：いや。ただお母さんに見ててって声かけられるから，その時に見てるだけ。
母：いろいろやってくれるじゃない，遊んでくれるとか（長女は答えず沈黙）
父：最後は喧嘩するけど，結構可愛がってくれて面倒見のいいお姉ちゃんだよね。（中略）
Th：あんまりちょっとうれしくない感じ？　お姉ちゃんて言われるの。
長女：なんか……（沈黙し，その後は母に向かい）なんか弟っていうだけで弟に甘いよね。
母：そんなことないよ。そう？（長女：うん）そう？（長女：うん）……そうかなあ。
Th：そんな感じがする？（長女：うん）それはなに？　お母さんが？　それともお父さんが？
長女：お母さんが。
Th：お母さんの自分に対する対応と弟君に対する対応とちょっと違うって感じがあるの？
母：でも年が下だったらしょうがないじゃない。
長女：え，でもなんでもかんでも弟優先じゃない。（後略）

抜粋2──初回面接後半のやりとりから

母：私と話している時はもっとこうしっかり者っていうか，あと，天真爛漫な子だと思ってましたけど，でもそんな風に，いまこんな感じになってるし。本当は違うのかもって。
Th：ちょっとそんなことが浮かぶ？　お母さん的なあるテンションで上手くゆく時もあるし，いま見えている姿はそれとは違うのかなって？
母：なんかどっちの見えてるのが本当なんだろうって，ちょっと自信がなくなりますね。
Th：どっちかだけが本当っていうことではないんでしょうけれどね。（長女に）どうですか？　いま聴いていて。もぞもぞしてくるのか，そこは違うって言いたい感じか。（後略）

コラム 11.1　子どもたちの描く自分の将来像

　子どもたちは自分の将来にどのような展望を持っているのでしょうか。図 11.2 は「あなたが 40 歳くらいになったとき，次のようなことをしていると思いますか」という質問に小学生から高校生が回答した結果です。

　「親を大切にしている」という質問に「とてもそう思う」「まあそう思う」と回答した小学生が 82.9%，中学生が 74.9%，高校生が 79.2% となっています。家族の絆の希薄化も危惧される中，子どもたちは素朴に家族への思いを表現しているように思われます。逆に得点が低かった項目は「多くの人の役に立っている」「お金持ちになっている」「有名になっている」「世界で活躍している」で，前半 4 つの質問項目の傾向とは異なった結果が得られています。今の子どもたちは，夢や野心のないように見られがちですが，実は非常に現実的に自分の将来を見通しているのかもしれないですね。

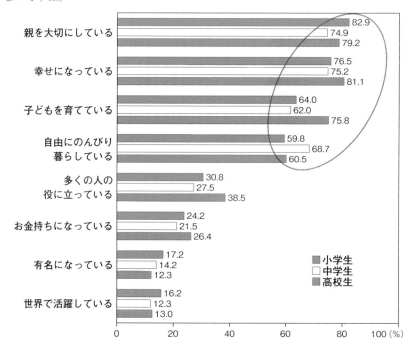

注 1：「とてもそう思う」＋「まあそう思う」の%。
注 2：この質問項目は 2009 年調査のみでたずねている。

図 11.2　子どもたちの描く自分の将来像（学校段階別）
（ベネッセ教育研究開発センター，2010）

参 考 図 書

中釜 洋子・野末 武義・布柴 靖枝・無藤 清子（編）（2019）．家族心理学——家族シ
　　ステムの発達と臨床的援助——　第 2 版　有斐閣
亀口 憲治（2000）．家族臨床心理学——子どもの問題を家族で解決する——　東京
　　大学出版会

復 習 問 題

1. 家族療法にはどのようなものがあるのか整理してみましょう。
2. 家族療法の利点を挙げてみましょう。
3. 家族療法の難しい点について考えてみましょう。

第12章

高齢者家族を取り巻く諸問題

わが国の高齢化はすでに始まっており，そこには認知症をはじめ介護や看取りの問題，また高齢者に対する虐待や孤独死といったこれまでになかった新たな社会問題が生じています。本章ではそれらについて，その背景と現状について紹介していきます。

12.1　高齢化と生活

　誰にも老いはやってきます。高齢者や老人など，老いを表す呼称はさまざまですが，それらは何歳から用いられる言葉なのでしょうか。たとえば，多くの官公庁や企業が取り入れている退職年齢は，現在のところは一般的に60歳です。老人福祉法で定められている老人健康調査の対象年齢は65歳となっていますし，老齢福祉年金や老人医療費の給付対象年齢は70歳以上となっています。このように，高齢者に決まった年齢の定めはありません。ただ，年齢に関わらず確実に老いはやってきますし，老年期への移行は，家庭生活においてさまざまな変化をもたらします。子どもが成長し進学や就職を機に家を離れたり，婚姻により新たな家族を持ち元の家族から独立します。このことは，子育てをしてきた夫婦の視点から見ると，新婚期に戻るような夫婦二人きりの生活が再び始まることにもなります。ただ，すでに新婚のときのような熱愛感情が弱まっている夫婦の間に，新たな優愛といった性質の異なる恋愛感情が育まれていないと，夫婦は一緒に生活していくことに苦痛を感じてしまい離婚することも少なくありません。これは**熟年離婚**ともいわれ，婚姻期間年数の長い夫婦の

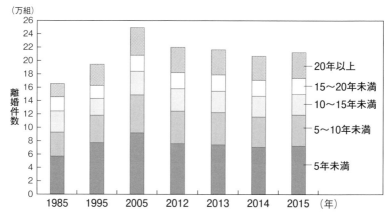

図12.1　同居期間別離婚件数の年次推移（厚生労働省，2018a）

離婚率が高い原因の一つだと考えられています（図12.1）。

　子どもが婚姻し独立すると，孫の誕生により祖父母という地位を獲得します。一方，仕事からの引退，配偶者との死別といったあまり嬉しくないライフスタイルをたどることにもなります。同時に，肉体的な衰えが目立ち始め，疾病との闘いがやってきます。とりわけ，老いと密接な関係にある認知症は大きな社会問題にもなりつつあります。高齢者夫婦のどちらか一方が認知症を発症した場合，生活自体が一変してしまうことも少なくありません。

12.2　認 知 症

　認知症とは，さまざまな原因で脳の細胞が死滅し引き起こされるもの，また脳の機能自体が低下することによって記憶や判断力の低下が生じることをいいます。認知症は一様ではなくいくつかの種類があり，それぞれ症状が少しずつ異なります。たとえば，脳内に溜まった異常なたんぱく質により神経細胞が破壊されるアルツハイマー型認知症では，記憶障害をはじめ見当識障害，物盗られ妄想などが症状として現れます。また，脳梗塞や脳内出血によって脳自体へ十分な血液が送られなくなり脳細胞が死滅する血管性認知症では，歩行障害を

はじめ感情失禁などの症状が出ます。他にも，脳内に溜まったレビー小体とい
う特殊なたんぱく質により脳の神経細胞の機能が破壊されるレビー小体型認知
症，脳の前頭葉や側頭葉で神経細胞が減少して脳が萎縮することで発症する前
頭葉側頭葉型認知症，さらにはアルコールの多量摂取によって脳内血管障害や
栄養障害を発症し，引き起こされるアルコール性認知症などがあります。

　認知症は，若年性といって40歳代から発症する人もいますが，大半の認知
症は，年齢とともにその発症率が高まります（図12.2）。日本人の平均寿命は
年々延びていますが，高齢者ほど認知症に罹患する可能性は高まるので，健康
状態を維持した長寿でなければ長生きを安易に喜べません。近年では医学の進
歩により，認知症の進行を遅らせる薬物がいくつか開発されてはいますが，い
ずれも認知症自体を完治させることはできません。そのため，加齢とともに各
症状も重篤化し，やがて自分自身が誰なのかわからなくなってしまいます。超
高齢社会が急激にやってきているわが国においては，政府がその対策の一つと
して，認知症施策推進総合戦略（新オレンジプラン）を推進しています。ここ
では，高齢者夫婦のみの家庭，または高齢者の単身生活者のために認知症サ
ポーターの育成と活動，認知症カフェの開催など，認知症の理解を深め，コ
ミュニケーションのつながりを重視した認知症高齢者に優しい地域づくりを目
指しています。

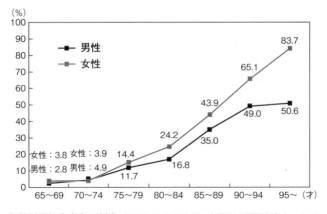

図 12.2　**年齢別認知症患者の割合**（NPO法人高齢者安全運転支援研究会ホームページより）

12.3　高齢者の扶養と老老介護

　現在，わが国においては年老いた親の扶養を誰がするのかについては，はっきりとした規定がありません。旧民法のもとでは，長子相続が規定されていたと同時に，年老いた親の扶養は長男が行うことが義務づけられていました。その結果，長男は家督，すなわち親の財産をすべて 1 人で相続することで，年老いた親と同居生活をして親の扶養をはじめ親の生活すべての面倒を見ることになっていたのです。このように，わが国では三世代家族となることが，長年にわたって当然のように実施され，現行民法が施行される昭和 24（1949）年 4 月までは三世代家族が一般的でした。しかしながら，現行民法では，年老いた親の扶養を誰がするのかについて具体的な人物は定められていないため，子どもがいれば全員で協力し合って親の世話をすることとなります。その影響もあってか，厚生労働省の調査結果（図 12.3）のように，子どもが親と一緒に住む三世代家族の割合は，年々減少傾向にあります。

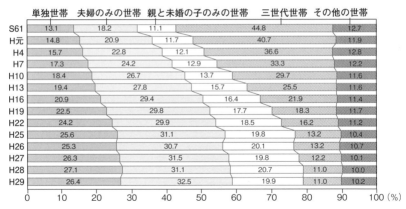

注 1：平成 7 年の数値は，兵庫県を除いたものである。
注 2：平成 28 年の数値は，熊本県を除いたものである。
注 3：「親と未婚の子のみの世帯」とは，「夫婦と未婚の子のみの世帯」及び「ひとり親と未婚の子のみの世帯」をいう。

図 12.3　65 歳以上の者のいる世帯の世帯構造の年次推移
（厚生労働省，2018b）

現代社会において，いったん親元を離れた子世代家族がその後に年老いた親世代夫婦と同居生活をする可能性はあまりないのが実情です。核家族としての生活スタイルを子世代家族はすでに確立していること，一方では特別養護老人施設はもとより介護付き有料老人ホームの出現などから，年老いた親の介護や看護を自らの生活を犠牲にしてまで行うという子世代夫婦はほとんどいません。その結果，高齢になると，高齢者夫婦のみの家族，または配偶者に先立たれると高齢者のみの単身生活とならざるを得ない現実があります。図 12.3 からわかるように，平成 29（2017）年度のわが国の単身（単独）世帯は約 26.4％，夫婦のみの世帯は約 32.5％となっており，高齢者のみでの生活家庭が約 60％に達しています。高齢者特有の問題として先にも触れましたが，認知症をはじめ何らかの疾病が伴うことも少なくありませんので，単身生活者はもとより高齢者 2 人のみの家庭では年老いた配偶者の負担は予想以上に高まります。この負担は同時に，介護をする人の健康状態も損いかねません。このように，高齢者が高齢者の介護をすることを「老老介護」といいます。平成 25（2013）年に厚生労働省が行った国民生活基礎調査では，在宅介護をしている世帯の51.2％が老老介護の状態にあり，この状態は増加の一途にあります。さらなる問題として，老老介護の状態にある家庭において，一方の配偶者が亡くなるとその家庭は単身世帯となってしまい，介護や看病で心身共に疲弊した単身高齢者のその後の生活は決して穏やかなものではありません。

　ところで，旧民法のもとでは家父長制が取り入れられていたことから，三世代家族が大半を占めていました。民法改正後の現在もできるだけ多くの労働力を必要とする農家や自営業者を中心に，三世代家族は今もなお存在しています。三世代家族とは，祖父母世代とその子どもが新たにもうけた家族，そこに誕生した子ども（祖父母にとっては孫）が同居する家族形態のことをいいます。祖父母に介護や看護が必要となった場合，三世代家族では子ども夫婦や時には孫がその任に携わります。高齢者と一緒に生活をする三世代家族の場合，高齢者の介護や看護という観点では，高齢者夫婦のみの 2 人世帯や単身高齢者のみの生活より幾分かは安心です。しかしながら，高齢者が同居している場合，高齢者に認知症が発症することや老いからくるさまざまな疾病のため，一度問題が

生じるとその介護や世話に関する必要性の度合いは大きくなります。このような状況が発生すると，三世代家族においては家族全体の生活状態が問題の起こっている高齢者を中心に展開せざるを得ません。介護や看護には，常に誰か同居している人を必要とします。その結果，家族の誰もが何らかの我慢や制限を強いられることとなり，同居している個々の家族成員は自由な時間を過ごせなくなってしまいます。このような状況に陥ると，問題が生じている高齢者を敵視したり，時には暴力を振るうこととなり高齢者虐待へと結びつくことも少なくありません。

12.4　高齢者虐待

　家族をめぐる暴力は，主として 4 種類あるとされています。1 つ目には，近年もっとも注目を浴びている児童虐待（7.3 節参照），2 つ目は配偶者間暴力であるドメスティック・バイオレンス（DV；7.2 節参照），3 つ目は子どもが親に暴力を振るったり家財道具を破壊する家庭内暴力（7.4 節参照），そして 4 つ目として近年注目されつつある**高齢者虐待**があります。平成 30 年版「犯罪白書」によると，平成 28（2016）年の 1 年間に高齢者虐待に関する相談・通報件数は約 2 万 8,000 件にも及んでいます（図 12.4）。超高齢社会を迎えているわが国においては，図 12.4 からもわかるように，増加の傾向にあり軽視できない社会問題の一つとなりつつあります。

　高齢者虐待を加害行為者別に区分すると，①介護（養護）者による虐待，②養介護施設従事者等による虐待，となります。もう少し詳しく見てみると，①家庭内虐待といって高齢者と特別な関係にある者，たとえば配偶者や家族などによって，高齢者自身の自宅において，行使される何らかの形によるひどい取扱い，②施設内虐待といって，高齢者が生活する特別養護老人ホームなどの施設において行使される何らかのひどい取扱いです。加害者は，通常はケアと保護を提供する義務を負った施設職員や専門職の人たちです。③自己放任または自虐といって，高齢者自身が健康を損ねたり，安全を脅かすような怠慢または自虐的な振る舞いを自ら行うことをいいます。認知症の発症に伴い身体的また

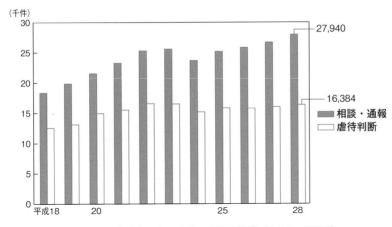

図 12.4　**養護者による高齢者虐待の推移**（法務省，2016）

は精神的障害を抱えている高齢者，あるいは高齢者自身が社会的に孤立してし
まっている場合に起こることが多いのが特徴です。

　高齢者虐待の加害行為には 6 つあります。まず，暴力行為による「身体的虐
待」が 1 つ目として挙げることができます。高齢者虐待においては，被害高齢
者を外部との接触を意図的，継続的に制限するような行為も「身体的虐待」と
認定されます。2 つ目は，脅しや侮辱などの言葉や威圧的な態度，無視や嫌が
らせ等によって，精神的，情緒的苦痛を与える「心理的虐待」があります。3
つ目としては，高齢者本人の合意なしに財産や金銭を使用し，また高齢者本人
の希望する金銭の使用を理由なく制限する「経済的虐待」，4 つ目は，意図的
であるか否かに関わらず，介護や看護を行っている家族がその提供を放棄また
は放任する「介護・看護の放任」で，高齢者の生活環境や身体・精神的状態を
悪化させることです。5 つ目は，本人との間で合意がないあらゆる形態での性
的な行為またはその強要で「性的虐待」といいます。最後に，高齢者自身が健
康を損ねたり，安全を脅かすような怠慢または自虐的な振る舞いを行う「自己
放任・自虐」があります。「自己放任・自虐」は，高齢者の単身生活の場合，
その悪化度合いのリスクは高まります。

　高齢者虐待の背景には，高齢者自身の若い頃からのギャンブルやアルコール

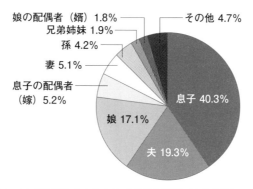

図 12.5　**被虐待高齢者からみた虐待者の続柄**（厚生労働省，2017）

依存が原因していることが指摘されています（吉岡・尾崎，2009）。さらには，過去の嫁姑問題をはじめとする家族関係の不仲が災いし，エネルギーの低下した高齢者に対して，子や孫世代の者からの恨みや過去の人間関係の逆襲として高齢者虐待が生じる場合もあります。ただ，興味深いデータとして，2017 年に厚生労働省が行った調査結果によると，高齢者虐待の加害者は圧倒的に高齢者の息子が多いことが指摘されています（図 12.5）。一方，いわゆる嫁姑問題の当事者である嫁や高齢者夫婦の妻が加害者となることは少ないのが実情です。この理由について，女性は高齢者の介護や看護に際して，地域の福祉施設や訪問介護をうまく利用することができる，さらには家庭に出入りする介護ヘルパーや介護福祉士に適宜相談することができ，結果的に高齢者に対する悩みや問題を一人で溜め込むことは少ないとされています。一方，息子や夫は，介護や看護のためにと仕事を辞めてしまうことをはじめ，家庭内のことなので自らの力のみで何とか解決せねばならないとの思いが強くなってしまい，効果的に介護ヘルパーや介護福祉士の活用ができません。その結果，困ったときに相談する相手もなくなってしまい苦境に立たされ，心理的にも追い詰められて高齢者虐待につながります。

12.5 看取り

　人間は，必ずいつかは亡くなります。その死期を自分で決めることは自死以外ではできないので，死期に自らの思いを反映させたいとの思いから，死ぬ状況だけは自分で決めたいと考える人は少なくありません。その際，たいていの人は親族や家族といった近親者に看取られたいと考えるでしょう。また，その場所は慣れ親しんだ家庭でと思う人が大半ではないでしょうか。この思いは容易にかなえられそうですが，現実はそうではありません。厚生労働省（2018）が行った人口動態調査によると，自宅で最期を迎える人は年々減少しており，2017年では全体の約10%にすぎません。1960年には約70%が自宅で最期を迎えていたのですが，医療の高度化，とりわけ延命治療が発展したことから，医療機関で最期を迎える人が圧倒的に増えているのが実情です。できるだけ長生きをしたいと願う人の気持ちは誰でも想像がつきますが，その結果，医療機関を中心とした自宅外での生活が余儀なく求められてしまいます。一度医療機関や福祉施設での生活が始まると，その後に状態が悪化するとさらに新たな医療や対応が施されます。その結果，入院患者は自らの意思とは関係なしに，決して医療機関から出ることができない状況へと追いやられてしまうのです。

　近年，延命治療を行わず自らの命をできるだけ自然の摂理に委ねたいと考える人が増え始めています。人生の終末期を迎えた人のそばで，家族が介護や看護をし最期を見届けることを「看取り」といいます。医療技術の進歩や制度等の充実で，高齢者の生活の形にもいろいろな選択肢が増え始めています。「平成29年版高齢社会白書」（内閣府，2018）によると，「治る見込みがなくなった場合，あなたは最期をどこで迎えたいですか」との問いに，自宅での最期を希望する人がもっとも多く，また延命治療についても約90%の人が「延命のみを目的とした治療は望まず自然に任せたい」と希望しています。やはり，人生の最期は住み慣れた自宅で家族に看取られて旅立ちたい，という人が多いというのが実際のようです。

　ただ，看取りは高齢者本人のみの希望ではできません。そこには，家族や親族の思いが不可欠です。人生の最終段階をどのように過ごしたいのかを，高齢

者のみならず家族や親族と共有することは言うまでもありませんが，医師や看護師等の医療従事者とも十分に話し合い，意思決定をすることが大切です。自宅での看取りを優先することで，過度な身体的・精神的苦痛が伴うようでは困るので，医療従事者との話し合いは欠かせません。この話し合いは，原則として看取りを希望する高齢者の意思に基づいて行われるものですが，すでに認知症などが発症していて自らの意思を表明できない場合には話し合いはできません。よって，健康な状態にあるときから，少なくとも意思能力が鮮明なときからあらかじめ話し合いをしておくことが重要です。

　このように，自宅で最期を迎えるためには，家族の理解と同居生活が不可欠となります。しかしながら，核家族化が進む現代社会では，高齢者の希望通りにはなかなかいかない現実があります。特に，医療機関のみならず福祉施設等に入所している場合は，自宅での看取りはなお一層困難な状態になってしまいます。私たちは，自宅での最期を新たな問題として考えていかなくてはなりません。

12.6　孤 独 死

　高齢者の単身生活で，もっとも大きな問題の一つに，身体的な変化が生じても高齢者自身がそのことに気づかず医療機関へかからない場合があります。また，突然急激な変化が生じた場合には，高齢者自身では応急処置を講じるなどの適切な対応ができず，自室内で誰にも気づかれないままに一人きりで最期を迎えてしまうことがあります。このことを「孤独死」といいます。孤独死は，必ずしも高齢者に限ったことではありませんが，高齢者の占める割合は，相当高いことがうかがえます（図 12.6）。

　孤独死は年々増加しています（図 12.7）が，その背景には高齢者の単身生活者の増加があることは言うまでもありません。その他にも，高齢者人口の増加，さらには高齢者の社会からの孤立という問題があります。孤独死の問題は，高齢者に限らず，貧困やひきこもり等，若い世代の人たちにも決して見られなくはないのですが，やはり高齢者に圧倒的に多いのが現状です。孤独死を迎え

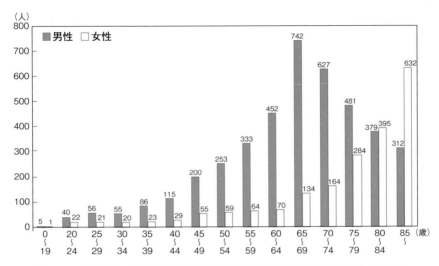

図 12.6　**東京都内における年齢別に見た孤独死の人数**（東京都監察医務院，2011）

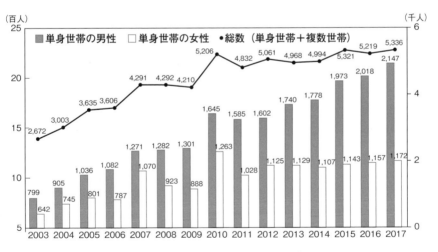

図 12.7　**東京都内における孤独死者数（65 歳以上）の推移**（平成 15 ～ 29 年）
（東京都監察医務院，2011）

る高齢者には，次のようないくつかの共通した特徴があります（上田ら，
2010）。その一つは，家事が苦手な男性に多いことです。彼らは若いときには
仕事一辺倒で，家事は妻や母親に任せきりであったことから，料理や掃除がで

きません。そのため，離婚や死別をすると日常生活が送れなくなり，基本的生活習慣が破綻することで健康状態が急激に悪化してしまいます。2 つ目は，人付き合いが苦手で社会から孤立傾向にある人です。とりわけ，就労生活一辺倒であった男性は，退職後の人生において地域コミュニティで新たな人間関係を構築することができず，孤立してしまいます。その結果，ひきこもり状態に近い生活状態に陥り孤独死に至るリスクが高まります。3 つ目は，経済的貧困や慢性的な疾患を抱えていて生活自体がすでによくない状況にある人です。慢性疾患は治療費等がかさむ上，病気を抱えた高齢者には軽作業であっても難しく，働くことができません。その結果，経済的貧困を引き起こすという悪循環に陥ります。

　孤独死を防ぐためには，別居している家族や親族の理解と協力が欠かせません（山中，2011）。ただ，家族等が先に対応できていればそもそも単身生活にはなっていないため，そのような家族関係にある単身生活者の家族や親族に過度な期待をすることはできないでしょう。そこで重視されるのが町内会の活動や自治体による地域コミュニティづくりとその充実です。ただし，能動的に活動することが苦手な人が多いため，民生委員や近隣住民による声かけや誘いが重要となります。また，電気やガス，水道メーターの稼動が家人の生存確認の方法の一つともなり得るため，今後は公共事業主との協力も必要になるだろうといわれています。

コラム 12.1　**老老介護の悲劇**

　平成 30（2018）年のある暑い日，事件は大阪府内の団地の一室で起きました。夫（77 歳）が寝ていた妻の首にネクタイを巻きつけ絞め殺そうとした痛ましい出来事でした。夫は犯行直後に，ベランダで自らの首を包丁で切りつけ自殺を図りました。しばらくして，妻の意識が戻り，血を流し倒れている夫を見つけました。驚いた妻は，夫を助けようと，近所の人に救急車を呼んでもらいました。なお，妻はその後に治療を受け，幸いにもまぶたのうっ血など全治 2 週間の軽傷ですみました。

　その後に，夫は妻に対する殺人未遂罪に問われて，裁判員裁判を受けることになりました。裁判が始まり，夫は被疑事実について真摯に受け止め起訴内容をすべて認めました。裁判が進むにつれて，この老夫婦の生活実態が次第に明らかになりました。夫は，数年前にガンの手術を受けたことから，その後は思い通りに身体を動かせない状態にありました。このような中で，妻は献身的に夫の身の回りの世話をし続けたのですが，不幸にも妻が認知症を発症してしまいました。このことで，不自由な身体の夫が逆に認知症の妻をいたわり，身の回りの世話をするようになります。しかしながら，夫は光の見えない日々の生活に疲弊し，「つらい」「もうあかん」などと，便箋やノートにつづるようになりました。そして，長女に宛てて「二人とも持病がいっぱいあるし，ボケたらみじめとしか言いようがない。夫婦で一緒に責任を果たします。あなたは一人になっても元気で頑張ってよ」と，遺書も書いていました。被害者として出廷した妻は「お父さんは，精神的に追い詰められていたのかもしれません。今はお父さんが怖いとも思います。でも，警察に捕まってからお父さんがいなくて寂しいし，やはり家に帰ってきてほしい」と，複雑な心境を吐露しました。

　裁判は結審し，次のような判決が下りました。「夫に第三者の支援を十分検討する知識や体力があったとは考えにくい。他の選択肢を考えられず，思い詰めての犯行であった」と，懲役 2 年 6 月，執行猶予 4 年（求刑懲役 4 年）を言い渡しました。判決後，専門家たちは「老老介護世帯が第三者に助けを求められる社会的な援助体制が必要だ」と訴えました。

参 考 図 書

唐沢 かおり・八田 武志（編著）（2009）．幸せな高齢者としての生活　ナカニシヤ
　　出版

染谷 俶子（編）（2000）．老いと家族──変貌する高齢者と家族──　ミネルヴァ書
　　房

復 習 問 題

1. わが国ではなぜ単身世帯や二人世帯が増えているのでしょうか。歴史的背景を踏
まえて考えてみましょう。

2. 高齢者特有の問題の一つである認知症とは，どのような病気なのでしょうか。認
知症が生活面へ与える支障について考えてみましょう。

第13章

これからの家族関係は
どのようなことが
問題となるのか

> これまでの章では，主に現在わが国において問題となっている事柄について見てきました。本章では，家族をめぐる事象として，すでに問題となりつつあるものも含めて，近い将来に社会問題化していく可能性が大きいトピックについていくつか紹介していきます。

13.1 　少子化

　わが国では，女性が一生涯に産む子どもの人数が平均で2人を割り込んだ状態が慢性的に続いています（図13.1）。この**少子化**といわれる問題について，保育所不足による子育てや就労との両立の困難さ，若者の非婚傾向と晩婚化，子どもの将来への悲観と夢を持てない現代社会の不透明性，さらには女性の高学歴化など，いくつかの理由や原因が指摘されています。いずれもが少子化問題と何らかの関係があることには間違いないでしょう。社会が早急に取り組むべき問題の一つとなっている少子化をどのように解決するかについては，長年にわたって論議がされてきてはいますが，未だ有効な打開策は見当たりません。保育所問題をはじめとする子育ての充実が度々叫ばれていますが，やはり一人でも多くの若者が婚姻し家族を持たない限り，このことは容易には解決しないといえるでしょう。

　少子化が進むわが国では，それに伴う老後の生活の変化など多様な問題も起

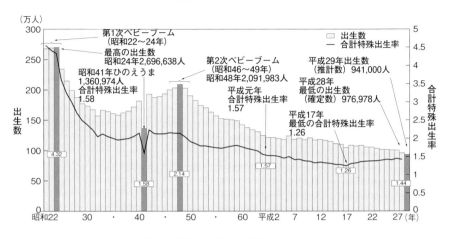

図 13.1　**出生数・合計特殊出生率の推移**（厚生労働省，2019）

こっていますが，一方では夫婦二人だけで生活を送るという家族が多く出現しており，新しい家族形態として確実に存在感を示し始めています。新しい家族形態では，婚姻後も子どもをもうけず夫婦は各人が仕事を持ち，夜間や休日には二人きりの状態で，一生涯過ごしていくという家族です。理由はどうであれ，子どもを持たないという家族形態では，二人だけの家族でどのような日々の生活を送り，どのように老後を過ごしていくのかが最大の関心事であることでしょう。

　生まれてからずっと親と一緒に生活をし，未だ婚姻等による新たな家族を形成したことにない人にとっては，子どものいない家族や家庭生活についての実態はほとんどわからないでしょう。そういった人が知っている家族とは，大半が自身の友人や知人の家族であり，そこには間違いなく友人や知人が子どもの立場として存在しています。新たな家族を形成したことがない人は，子どものいない二人だけの夫婦という状態で長年過ごしている人たちがどのような家庭生活を送っているのか，知る機会はほとんどありません。子どものいない夫婦は，子育てに費やす時間は必要ないことから，時間の自由と金銭面での自由を比較的潤沢に得ることができます。年齢に関係なく結婚後も恋人時代と同じように，旅行へ行ったりデートしたりと，二人だけの時間を楽しむこともできま

す。子育てに関する養育費や教育費の負担がないことから，将来に向けて貯蓄に励んだり老後に備えた資産運用をしている夫婦もいます。子どもがいないと夫婦生活への充実感がないといった考えや，男女が結婚し家庭を築けば必ず子どもができるものといった考え方のほうが，もはや古いのかもしれません。このような夫婦は DINKS（Double Income No Kids）と呼ばれ，一つの家族形態としての地位をすでに得ています。少子化問題は，DINKS のような夫婦二人だけの新たな家族形態を生み出し，家庭の多様化をもたらしたのだともいえなくはありません。ただ，子孫を残すという生殖の目的は達成されないことが社会問題として生じていることは忘れてはいけません。このことがわが国の老後における年金問題の根底にあることから，少子化問題の解決という大きな声にもなっているのです。

13.2　死にまつわる問題

　死にまつわる課題として，安楽死や看取りへの取り組み方，終末期医療や老老介護の問題等がありますが，ここでは家族関係は死後も継続するという観点から，葬儀や埋葬の変化について見ていくことにしましょう。

　核家族化が急速に進んだことから，子どもが成長すると再び夫婦二人きりになってしまう家庭，また DINKS のような生涯において夫婦二人だけの生活が珍しくなくなったわが国では，老後はいずれの道をたどったとしても夫婦二人きりとなることが多くなりました。夫婦二人きりの状態で一方の配偶者が亡くなることが少なくなくなった今日において，死に関する儀式である葬儀や埋葬の方法，さらにはその後の法要行事にも変化が出始めています。葬儀においては，家族葬と称され家族や親族，近親者のみで死者を弔うことが，2016 年においては葬儀全体のうちの 28.4％を占め，過去 5 年間では 51.1％の増加と急激に増えています（公正取引委員会，2017）。

　ところで，わが国における葬儀の位置づけは，人生における一大行事の一つであったことから，室町時代に形成されたとされる惣村に始まり江戸時代の五人組の制度など，古くは地域を挙げた盛大なものでもありました。それゆえ，

今日においても近隣との結びつきが不可欠な農村部では，今もなお地域ぐるみの葬儀が執り行われるところも確かに存在しています。しかしながら，核家族化が進み親族であってもほとんど交流がなくなってしまった現代社会では，とりわけ都市部においてはその姿はもはやありません。また，死後の弔い方も大きく変化し始めています。これまでは，家ごとに墓地を立て先祖祀りをしてきましたが，少子化により子どものいない夫婦が増加の一途にある現在においては，墓守をする子孫や親族がいない，または数少ない子どもたちに負担をかけたくないとの思いから「墓終（はかじまい）」を行って，先祖代々の墓地や埋葬方法に終止符を打ち，集合墓地や集合埋葬を希望する人が増えています。その結果，古くから代々祖先が祀られてきた墓地のいくつかは墓守をする親族を失ったことから無縁仏となり，多くの墓地や墓石が放置されているという寺院も少なくありません。また，無縁仏となった墓石が大量に投棄されるという問題も起こっています（図13.2）。そこで，近年は都市部を中心に集合墓地や集合埋葬という新たな先祖祀りの形態が誕生しています。ただ，この動きにもすでに問題が起き始めており，納骨された骨で仏像を練造する集合墓で古くから有名な大阪市の一心寺では，納骨を希望する遺族が近年殺到していることから，納骨の制限を始めました（一心寺，2020）。このように，家族の変化に伴い，先祖祀りも変化しつつあるのです。

図13.2　**お墓のお墓（不法投棄された墓石）**（著者撮影）

13.3　国 際 化

　今日，街で外国人の姿を見かけることは珍しい光景ではなくなりました。新型コロナウイルス感染症による影響が見られるまで，図 13.3 のように，わが国を訪れる外国人の数は年々増え続けていました。多くは，一時的な観光目的での来日でしょうが，図 13.4 のようにわが国への外国人留学生の数も増加の一途にあります。また，農業や工業分野における技能実習生の受け入れ人数も増えています（図 13.5）。島国のため，鎖国を行い，交通手段がさほど発達していなかった江戸時代の頃までは，わが国では外国の人たちと関係性を持つ機会は限られていました。しかしながら，現代社会においては諸外国との交流なしに経済活動を成立させることはもはや不可能といっても過言ではないでしょう。加工貿易と称される，資源を輸入し国内で加工した製品を輸出することで飛躍的な発展を遂げたわが国でも諸外国との付き合いなしに社会は成立しません。この大きな社会的変化は，日本の家族の様相までも変えてしまいました。国際結婚で外国人と家族関係を築いている人たちは，図 13.6 のように，一時

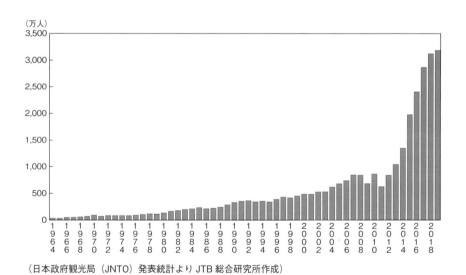

（日本政府観光局（JNTO）発表統計より JTB 総合研究所作成）

図 13.3　**年別訪日外国人数の推移**（JTB 総合研究所ホームページより）

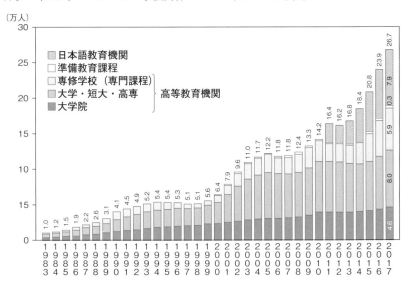

注：各年5月1日現在。「準備教育課程」とは，中等教育の課程の修了までに12年を要しない国の学生に対し，日本の大学入学資格を与えるために文部科学大臣が指定した課程をいう。「日本語教育機関」で学ぶ外国人については，「出入国管理及び難民認定法」の改正により2010年7月から在留資格の「留学」「就学」が一本化されたことに伴い，2011年度より留学生としてカウントされるようになっている。

図13.4　**外国人留学生数の推移**（資料：（独）日本学生支援機構「外国人留学生在籍状況調査（5月1日現在）」）

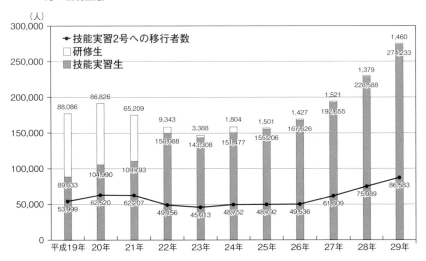

図13.5　**外国人研修生，技能実習生受け入れ人数の推移**（法務省データより）

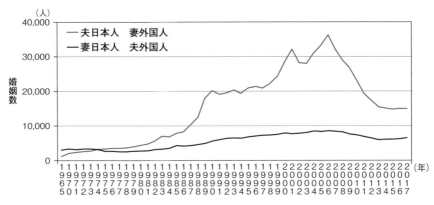

図 13.6　**国際結婚数の推移**（「人口動態調査」；「データのじかん」より）

の増加はなくなりましたが，依然として高水準を維持しています。婚姻を機に，配偶者の母国へと家族全員が移住する人もいます。また，日本人の中には，物価が比較的安く，気候がよい海外での生活を望んで，生活の場を海外に求める夫婦も増えています（図 13.7）。このように，生活の場が変わることで，家族の生活自体が一変してしまうことも少なくありません。また，国際結婚や移住した外国で誕生した子どもの国籍問題も見逃すことはできません。仮に，わが国で生まれた子どもが日本国籍を取得しなくても，日本国内で生活を続けることに特段問題があるわけではありません。また，国際結婚で誕生した人たちがオリンピックの代表選手に選ばれることも少なくない今日では，この事実に違和感を持つ人は少ないでしょう。このような社会で，わが国が長年にわたって培ってきた文化や風習をどのように継承していくかが問題とされることもありますが，すでにわが国の伝統工芸や産業の後継者に日本国籍を有さない外国人が携わっていることも珍しくなくなってきています。このように，わが国は，あらゆる面での**国際化**が進んでおり，生活の原点ともいうべき家族のあり方や維持の仕方が今後も多様化していくことは間違いないことでしょう。

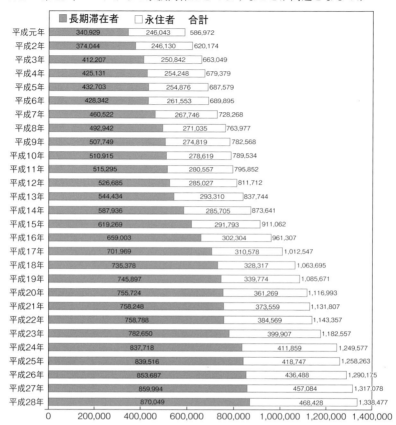

図 13.7　海外在留邦人数調査統計（平成 29 年要約版）（外務省ホームページより）

13.4　ハーグ条約

　ハーグ条約とは，そもそもは国際航路を行き来する船舶に関する紛争が起こった場合，その解決のために，どこの国で話し合いや裁判を行うかを決めた国際的な条約です。

　ここでいうハーグ条約とは，正式には「国際的な子の奪取の民事上の側面に関する条約」をいいます。国境を越えた子どもの連れ去りによって生じるさまざまな悪影響から子どもを守るという観点から，原則として元の居住国に子どもを迅速に返還するための国際協力の仕組みや国境を越えた親子の面会交流の

実現のための協力について定められています。この条約により，海外で居住し，外国人と婚姻して子どものいる日本人は，離婚し日本へ帰国することを決意しても，配偶者の許可なしに子どもを一緒に連れて帰国することができなくなっています。たとえば，夫の態度や振る舞いに耐えかねた妻が，子どもを連れて夫から逃げるように日本へ帰国したような場合，夫側に問題があったとしても，ハーグ条約では子どもを一度は夫の元へ戻す必要があるという取り決めになっています。

　不思議に思う人もいるかもしれませんが，子どもは両親とは別であり，両親がもめていても子どもは居住している国での生活になじんでいる場合もあり，子どもの意思に反して帰国し，無理に転校させている可能性もないとはいえません。そこで，まずは子どもがこれまで生活してきた場所へと戻し，離婚や子どもの親権に関する夫婦間の話し合いをきちんとさせようとするのです。ただ，夫婦間のもめ事にドメスティック・バイオレンスや児童虐待のような暴力がある場合には，子どもを安易に元に戻すことはできません。また，子どもを人質まがいにして，夫婦間の話し合いの方便として利用しようとする者も少なくありません。このように，子どもの引渡しをめぐって新たな問題が起き始めています（藤川，2012）。これは，国際結婚が増加しつつある現代社会では，軽視できない新たな問題の一つとなりつつあります。

13.5　生殖医療

　子どもが欲しくてもできない夫婦もいます。そこで，何とか子どもを授かりたいとの思いから，不妊検査や不妊治療を受ける夫婦は年々増加しています（図13.8）。夫が病気などの原因で近い将来に生殖機能を喪失する場合に，精子を凍結保存するという新たな医療があります。これは精子バンクといい，今日では男性側に子どもができない原因がある場合，またシングルマザーやLGBTのカップルでどうしても子どもが欲しい人に対して，父親が誰であるのか特定できない状況下で精子が提供される例も出始めています。また，近年では卵子バンクもできています。これらは，子どもを待望する夫婦や多様化する

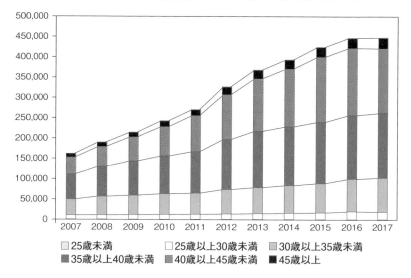

図13.8　**年齢別の不妊治療数の推移**（日本産婦人科学会のデータをもとにNPO法人Fineが作成）

家族のあり方を反映しているとして，注目されています。

　このような**生殖医療**はよいことばかりではありません（苅原・青野，2000）。不妊への有効な手段として用いられる一方で，新たな問題が生じ始めています。凍結保存した精子を用いて誕生した子どもの場合は別ですが，生まれてきた子どもは本当の父親，すなわち血縁関係にある実父が誰なのかわかりません。通常は，精子の提供を受けた母親には誰の精子であるかは告知されないため，母親自身も生まれてきた子どもの本当の父親が誰なのかがわからないのです。その結果，子どもは血縁関係にある実父を知りたくても知ることができないという状態が生じてしまい，自分の出自を知る権利が侵害されているという指摘があります。近年ではこれへの対応策として，子どもが成人になったときに子どものほうから精子を提供した実父に連絡をとれるシステムをもうける医療機関も出始めてはいます。ただ，精子を提供したドナー側からは誰に使用されたのかを知ることは現在もできず，子どもへ連絡する方法も一切ないのが実情であり，このことを問題視する人もいます。

　子どもにとって，血縁関係のある実の親もしくは血縁的には何ら関係のない

育ての親とはどのような存在なのか，また，血縁関係とは何なのか。生殖医療はそのような問題を私たちに投げかけているのかもしれません。

13.6 赤ちゃんポスト

2007年5月，熊本市のある産婦人科病院に，「こうのとりのゆりかご」が設置されました。これはいわゆる「赤ちゃんポスト」で，さまざまな事情から親が育てられない子どもを匿名でも預かるというものでした。これが設置されるようになったきっかけの一つに，前年に熊本の専門学校生が自宅トイレで出産し，赤ちゃんを死なせる事件があったことがいわれています。これを契機に，病院の理事長は「相談するところ，できるところがなかったことが，ああいう事件につながった」と考え，予期せぬ妊娠の相談に乗り，犠牲となる赤ちゃんを助けようという思いから「こうのとりのゆりかご」が誕生しました。熊本市の発表によると，設置から12年間で144人の赤ちゃんが預けられたとのことです（毎日新聞，2020）。預け入れの理由は「生活困窮」や「育児不安・負担感」「不倫のため」「戸籍に入れたくない」，さらには「行政機関に相談したくない」などさまざまです。

設置から10年後，預けられた子どもの一人がその思いを語っています。彼は現在，里親である夫婦の元で大切に育てられていますが，見知らぬ場所に置き去りにされたという思いが頭の中から消えることはありませんでした。彼は自分が棄てられた瞬間の映像をルーズリーフに描き，勉強机の中にしまい込んでいます。ただ，彼は赤ちゃんポストの存在を恨んではおらず「僕をポストに入れてくれなければ，お父さんとお母さんと会えなかったと思うし，この家で生活することもできなかった。道端に置き去りにするんじゃなくて，ポストに入れてくれてよかった」と言い，現在の里親夫婦の元で親子としてのつながりを感じながら，成長とともに自分の過去と少しずつ向き合い始めています（NHK取材班，2018）。

赤ちゃんポストに対しては，否定的な意見も少なからず寄せられています。その一つとして，匿名で預けることが可能な点が指摘されています。育児に

困ったり子育てにつまずいた際に，安易に預けてしまうのではないかということが懸念されているのです。ただ，預けることで赤ちゃんの大切な命を守ることができていることも事実です。赤ちゃんポストは，現在も熊本市に1カ所あるだけでそれ以上増えてはいません。この背景に，社会として今なお解決されていない問題がいくつかあります。今後，赤ちゃんポストがどのようになるのか，家族の視点からは見逃せない問題といえるでしょう。

参 考 図 書

日本家族心理学会（編）（2013）．現代の結婚・離婚　金子書房

小田切 紀子・野口 康彦・青木 聡（編著）（2017）．家族の心理——変わる家族の新しいかたち——　金剛出版

復 習 問 題

1. わが国の少子化問題の背景にはどのようなことがあるでしょうか。
2. 国際結婚が増えつつある中で，子どもに関してはどのような問題が起きているでしょうか。

第 14 章

家族関係を扱う専門的機関にはどのようなものがあるか

家族関係の問題は，誰にとっても，もっとも身近な問題の一つです。身近で，個人の領域に深く関わる問題であるがゆえに，他の誰にも相談できないと感じることも多いかもしれません。また，家族関係での問題は，他の多くの問題にさらに結びつくことも少なくありません。このような家族の問題を，私たちは誰に相談すればよいのでしょうか。この章では，家族の問題を専門的に扱っている職業や資格について概観します。

14.1　国 の 機 関

14.1.1　家庭裁判所

　家庭裁判所は，司法権を司る国の機関です。家族に生じる問題や，夫婦・親子など，家族やそれに準じる関係にあるもの同士の紛争を解決すること，および，未成年者の非行に関して処遇を決定することを目的としています。出生時の問題（認知，就籍），家族集団形成時の問題（婚姻，養子縁組），子の成長過程で生じる問題（非行，虐待），家族集団のトラブル（同居，婚姻費用，親族関係調整），家族集団の解体（離婚，親権者），家族集団解体後の問題（養育費，面会交流），老年期の問題（扶養，後見人選任），死後の問題（遺産分割）など，多様な内容を扱っています。

　家庭裁判所の判断は，基本的には法律に則って行われますが，家族に関わる問題は，各家族の抱える個別具体的な事情の違いや，関係者の感情的な問題の

影響も大きく，法律で一刀両断的に判断しても十分な解決に至らない場合も少なくありません。法律的な権利義務の存在を前提に，事案の内容に応じた個別・具体的な解決の形を作る必要があります。そこで，民間からの有識者を交えての当事者間での話し合いによる"調停"や，家庭裁判所調査官による"調査"といったプロセスを経る仕組みが多く用いられています。

　家庭裁判所に配置されている"家庭裁判所調査官"は，心理学をはじめ，教育学，社会学，社会福祉学，および法学といった，主に行動科学に関する専門の試験を受けて採用されます。採用後は，2年間の研修期間で職務に必要な知識や技法を身につけ，各地の家庭裁判所に配属されますが，その後も定期的に研修を受け，家族の問題への関わり方を身につけます。家庭裁判所調査官は，当事者に対する面接を中心とした方法でアプローチし，事案に関する事実や当事者の心情等に配慮しながら，具体的な解決に向けて必要な情報を収集し，解決の方向性を裁判官や調停委員に意見具申します。裁判官や調停委員は，家庭裁判所調査官による調査結果も参考にしながら，実際の審判や調停を進めていきます。

　家庭裁判所は，各都道府県に1つ（北海道には4つ）置かれており，地理的条件によっては，支部や出張所も設置されています。無料で手続き案内が行われており，当該の問題に対し，どのような方法が家庭裁判所でとり得るのか，どのような書類が必要であるのかなど，申立てに当たっての必要事項の説明を受けることができます。ただ，この案内は，人生相談とは異なりますので，時間は20分程度のところが多く，また，判断機関という性質上，一方に有利な方法等を教示するようなことは行わないことになっています。

14.2　地方公共団体の機関

14.2.1　児童相談所

　児童相談所は，児童福祉法等によって規定された都道府県や指定都市等の自治体が設置する，行政機関の一つです。子どもに関する家庭その他からの相談に応じ，子どものニーズや置かれた環境を的確にとらえ，個々の子どもや家庭

にもっとも効果的な援助を行うことを目的としています。また，住民にとって
より身近な市町村にも，名称はまちまちですが，児童家庭相談に応じる部署の
設置が義務づけられており，児童相談所と連携しながら，虐待の未然防止・早
期発見を中心とした援助がなされています。

　児童相談所と市町村の担当部署は連携をとりながら役割分担しています。市
町村の担当部署では，子どもおよび妊産婦の福祉に関して，実情を把握したり，
情報を提供したりと，その相談に応じて必要な指導や措置を行っています。児
童相談所は，市町村の担当部署の後方支援として，市町村間の連絡調整や情報
提供などの必要な援助を行っています。また，児童相談所には，“市町村への
援助機能”の他に，“相談機能”“一時保護機能”“措置機能”があり，より高度
な専門性を要する事案を扱っています。

　相談機能は，子どもの家庭，地域状況，生活歴，発達，性格，行動等につい
て専門的な角度から総合的に調査，診断，判定し，それに基づいて援助指針を
定め，自らまたは関係機関を活用して援助を行う機能です。相談には，“養護
相談”“障害相談”“非行相談”“育成相談”等があります。養護相談は，保護者
からの遺棄，離婚，両親の病気，虐待などの場合です。また，育成相談は，子
どもの性格行動，しつけ，適性，不登校等に関するものです。この他，里親希
望に関する相談，夫婦関係についての相談，いじめに関する相談などがありま
す。

　児童相談所は，相談や通告，関係機関からの送致を受けると，主に児童福祉
司や相談員による調査に基づいての社会診断，児童心理司等による心理診断，
医師による医学的診断，保育士等による行動診断をもとに，協議して判定を行
い，個々の子どもに対する援助指針を作成します。また，援助指針をもとに，
子ども，保護者，関係者等に対する指導や措置等の援助を行います。

　一時保護機能は，子どもに帰る家がない場合や，家があっても虐待などに
よって保護者のもとに置いておくことで心身の危険が予想される場合などに，
一時的に子どもを家庭から離し，保護する機能です。また，措置機能は，援助
指針に基づいて，子どもや保護者を，児童福祉司や児童委員，児童家庭支援セ
ンター等に指導させたり，子どもを児童福祉施設や指定医療機関に入所させた

り，里親に委託したりする機能です。さらに，児童相談所は，親権者の親権喪失宣告の請求や，未成年後見人の選任や解任の請求を，家庭裁判所に対して行うことができます。

　児童相談所は，都道府県および指定都市に設置義務が課せられています。また，人口規模が30万人以上の中核市程度の人口規模を有する市にも児童相談所の設置が可能となっています。児童相談所に配置されている児童福祉司は，医師や社会福祉士などの有資格者の他，「大学において，心理学，教育学，もしくは社会学を専修する学科，課程を修めて卒業し，1年以上児童その他の者の福祉に関する相談に応じ，助言，指導その他の援助を行う業務に従事したもの」といった任用の条件が課されています。また，児童心理司は，医師や公認心理師といった有資格者の他，「大学院において心理学を専攻する研究科又はこれに相当する課程を修めて卒業した者」といった任用の条件が課されています。

14.2.2　婦人相談所

　婦人相談所は，売春防止法に基づき，各都道府県が設置している行政施設です。従前は，売春を行う恐れのある女子のための施設でしたが，現在は，女性の抱えるさまざまな問題に関する相談，指導，一時保護等を行っています。2002年に配偶者暴力防止法（配偶者からの暴力の防止及び被害者の保護等に関する法律）が施行されてからは，配偶者暴力相談支援センターとしても位置づけられています。

　婦人相談所では，国籍，年齢を問わず，正常な生活を営む上で困難な問題を抱え，解決に当たる機関が他にないために保護や援助を必要としている状態にあると認められる人を対象に，相談に応じ，必要な調査や，医学的・心理学的・職能的判定を行い，自立に向けた適切な支援を行います。また，配偶者からの暴力被害者に対しては，相談に応じる他，心身回復のための医学的・心理学的な支援や，自立支援，保護命令の制度利用の支援，保護施設の利用の支援を行います。

　また，寄宿先がない場合や，配偶者からの暴力被害を防ぐために緊急の保護が必要な場合には，本人の同意の上，婦人保護施設で一時保護を行います。婦

人保護施設は，安全のために，所在地は公表されていません。一時保護期間中は，入所者と同伴家族の心身の健康を回復させるため，医学的・心理学的な支援など，必要な支援を行います。入所中は，衣食その他日常生活に必要なものが給付され，一般生活にかかる費用について負担の必要はありません。

婦人相談所には，判定を行う職員や相談および調査を行う職員の配置が義務づけられています。判定を行う職員は，精神衛生に学識経験のある医師や，大学において心理学を専修する科目を修めて卒業したものから任用するように努めなければならないとされています。また，相談および調査を行う職員は，社会福祉主事の有資格者から任用しなければならないとなっています。また，婦人相談所一時保護所や婦人保護施設には，心理療法を担当する職員1名の配置が定められており，大学の学部で心理学を修め学士と称することを得るものであって個人および集団心理療法の技術を有するもの等と定められています。

婦人相談所と類似したものに，各都道府県や市町村等が自主的に設置する「女性センター」があります。「男女共同参画センター」「女性相談センター」など，名称はさまざまで，婦人相談所を兼ねている施設もあります。女性センターでは，「女性問題の解決」「女性の地位向上」「女性の社会参画」を目的とし，女性が抱える問題全般の情報提供，相談，研究などが実施されています。

なお，男性のDV被害者に対しては，専用の電話相談窓口等を設置している自治体もあります。

14.2.3 福祉事務所

福祉事務所は，社会福祉法に基づいて設置されている社会福祉全般の窓口です。都道府県および各市に設置が義務づけられていて，福祉六法（生活保護法，児童福祉法，母子及び父子並びに寡婦福祉法，老人福祉法，身体障害者福祉法，知的障害者福祉法）に定める援護，育成または更生の措置に関する事務を扱っており，生活する場所の確保や，生活資金の援助など，新たな生活を始めるに当たっての相談窓口となります。また，保育所の入所申請や，母子生活支援施設や老人福祉施設，身体障害者更生援護施設などへの入所に関する事務も行うことになります。

福祉事務所には，社会福祉主事が配置されており，援護，育成または更生の措置を要する者等の家庭を訪問したり，面接をしたりして，本人の資産，環境等を調査し，保護その他の措置の必要性を判断し，本人に対して生活指導を行うなどの事務を行います。社会福祉主事の任用資格は，社会福祉士や精神保健福祉士などの有資格者の他，大学において，指定された社会福祉に関する科目を 3 科目以上修めて卒業したもの等と定められています。

14.2.4　保健所

保健所は，地域保健法に基づいて都道府県や指定都市に設置される，地域住民の健康を支える中核施設です。また，保健センターは，市町村に設置されるものです。疾病の予防，衛生の向上など，地域住民の健康の保持増進に関する業務を行っています。母子保健法に基づいた対策として，未熟児に対する訪問指導や，養育医療の給付などの業務を行っています。乳幼児の定期検診や離乳食の講習会などを開いており，乳幼児の健康のことだけでなく，子育てに関する相談にも応じています。また，精神保健福祉法に基づいた対策として，精神保健福祉相談，精神保健訪問相談，医療・保護に関する事務などの業務を行っており，心の病気や悩みについての相談や，精神障害者を抱えた家族に対する援助を行っています。措置入院についての通報・申請の受理や決定も保健所の業務です。

保健所は，医師や薬剤師，保健師，管理栄養士などの医療系の資格を持つ職員で構成されています。その中でも保健師は，健康教育や家庭訪問などの公衆衛生活動，地域の健康課題の評価や施策化など地域保健の中心的な役割を果たす存在です。保健師になるには，基本的には看護師資格に加え地域看護学等の定められた学科の取得が必要です。

14.2.5　精神保健福祉センター

精神保健福祉センターは，精神保健福祉法に基づいて都道府県や指定都市に設置された機関です。地域住民の精神的健康の保持増進・精神障害の予防・適切な精神医療の推進から社会復帰の促進，さらには自立と社会経済活動の参加

促進の援助まで，目標は多岐にわたっています。業務の一環として，精神保健福祉相談が規定されており，精神保健および精神障害者福祉に関する相談および指導のうち，複雑または困難なものを行うとされています。精神科医療についての相談や社会復帰についての相談，アルコール・薬物依存症の家族の相談，ひきこもりなど思春期・青年期問題の相談，認知症高齢者の相談などを行っています。

　精神保健福祉センターには，医師，精神保健福祉士，臨床心理技術者，保健師，看護師，作業療法士等が配置されています。精神保健福祉士は，精神障害者を対象とする精神保健福祉領域のソーシャルワーカーです。社会福祉学を学問的基盤とし，精神保健福祉の領域での専門的な知識や技術を持つのみならず，精神障害についての知識や理解も持ち，精神に障がいがある人たちの社会復帰を手助けしたり，必要な訓練を行ったりする精神障害者の抱える生活問題や社会問題の解決のための援助や，社会参加に向けての支援活動を行っています。精神保健福祉士の受験資格を得るには，福祉系の大学において指定された科目を履修することが必要です。

14.2.6　ひきこもり地域支援センター

　ひきこもり地域支援センターは，厚生労働省が2009年度から実施している「ひきこもり地域支援センター設置運営事業」により，都道府県や指定都市に設置されている機関です。このセンターは，"ひきこもり"に特化した専門的な第1次窓口です。社会福祉士，精神保健福祉士，臨床心理士などが，ひきこもり支援コーディネーターとして配置されており，地域における関係機関とのネットワーク構築や，ひきこもり対策に必要な情報提供を行っています。

　ひきこもり支援コーディネーターは，ひきこもりの状態にある本人や家族からの電話や来所等による相談に応じ，また，家庭訪問を中心とした訪問支援を行い，早期に適切な機関につないでいくことを役割としています。

　ひきこもり地域支援センターでは，ひきこもりや家族等への支援に関心のある人を対象に，ひきこもりの基本的知識（状態像，支援方法，支援を行う上での留意点等）についての研修を行い，"ひきこもりサポーター"（ピアサポー

ター）の養成も行っています。

14.3　その他の機関

14.3.1　家庭問題情報センター

家庭問題情報センター（Family Problems Information Center: FPIC）は，人間関係諸科学を活用して，家庭問題の解決，児童の健全育成，高齢者等の福祉の増進およびこれらの普及啓発に資する事業等を行い，よりよい社会の形成の推進に寄与することを目的とする，公益社団法人です。家庭問題に関する心理・教育相談事業および調停手続事業（ADR），親子の面会交流援助事業，後見・後見監督等に関する事業などを業務として行っています。

相談事業に関しては，東京，大阪，名古屋，福岡の他，全国数カ所に相談室が設置され，夫婦関係の調整や離婚などの問題，離婚後の子をめぐる問題，いじめなど子育ての悩み，ひきこもりなど成人した子の悩み，老親をめぐる兄弟間の悩み，職場の人間関係や男女関係のトラブルあるいは生き方や性格の悩みなど，人間関係や子育て，こころの問題についての相談に応じています。電話相談は無料ですが，面接相談やカウンセリングは有料となっています。相談には，主には家庭裁判所調査官経験者などが当たっています。

また，親子の面会交流援助事業は，父母が自力で面会交流を実施できない場合に，子どもの立場に立って親子の縁をつなぎ止める応急手当として行われています。援助の内容としては，別居親に子どもを会わせることに同居親が強い不安を抱いている場合に，面会交流の場に援助者が同伴する"付添い型"，面会交流の際に父母が顔を合わせられない場合に子どもの受渡しを援助する"受渡し型"，父母が連絡をとり合うことが困難な場合に代わって双方に連絡をとり，日時・場所などの調整を行う"連絡調整型"などがあります。援助の対象は，小学生までの子どもおよびその父母等で，家庭裁判所での調停などで，事前に面会交流の実施やその方法について当事者間での合意が成立している必要があります。また，実施方法を定める事前の段階で，家庭問題情報センターへの相談が必須となっています。

コラム 14.1 **大正期の家族相談**

　相談機関が整備されていなかった時代には，家族には相談できない家族自身の問
題や，近隣に知られたくない問題といった困り事はどのようなところで相談されて
いたのでしょうか。

　読売新聞生活部（2015）によると，読売新聞に「身の上相談」が登場したのは，
大正 3（1914）年 5 月 2 日です。女性の社会的地位はまだまだ低く，悩みを持ってい
ても声に出すことのできない人たちにとって，新聞紙上の「身の上相談」は，思い
を共有する意味合いや，個人的な問題であった家族や性，貧困などの問題を社会化
していく役割も果たしていたといいます。

　カタログハウス（編）（2002）『大正時代の身の上相談』には，「大正デモクラシー
と『身の上相談』の相関図」が載せられています。それによると，大正期にはマス
メディア（新聞雑誌）が普及し，都市型の文化生活，自由や個性の尊重，科学的合
理精神などの民主主義的思想，いわゆる「大正デモクラシー」の理想が喧伝されま
した。しかし，理想と現実のギャップに悩む大衆には，相談すべき経験者が身近に
はいない状況でした。ある人々は「文学」に，また，ある人々は「宗教」に救いを
求めましたが，そのような中で才能を開花させたり，悟りを得る人は少なく，ます
ます悩みを深めていったようです。そのような中，「身の上相談」は，マスメディア
によるこれら悩める人々をアフターケアする役割を果たしていたといいます。

　「身の上相談」開始当初は，自身の悩みや問題を書いてまとめることができない女
性も少なくなかったため，手紙による相談だけでなく，新聞社で記者が直接会って
相談に応じることもあったようです。

参 考 図 書

厚生労働省ホームページ

　　https://www.mhlw.go.jp/bunya/kodomo/dv11/01-01.html

内閣府ホームページ

　　https://www.gender.go.jp/policy/no_violence/e-vaw/soudankikan/index.html

警察庁ホームページ

　　https://www.npa.go.jp/hanzaihigai/shien/handbook/html/4-39.html

公益社団法人家族問題情報センターホームページ

　　http://www1.odn.ne.jp/fpic/index.html

復 習 問 題

1.　あなたの住んでいる地域の近くには，本章で触れられている機関がありますか。
それぞれの機関について，最寄りの施設の所在地等を調べてみましょう。

コラム 14.2 「下女に手を出す役人の夫」

　さて，それでは大正時代の「身の上相談」は実際にはどのようなものだったのでしょうか。カタログハウス（編）（2002）『大正時代の身の上相談』に掲載されている，大正3年12月15日付の女性からの相談を見てみましょう。なお，「下女」とはかつて家などで住み込みで働いていた女性のことです。

☆

　「私の夫は某省の高等官で，敏腕家といわれていますが，いかにも品行がよくないのです。そのために私は結婚後病気いたしまして，子供もございません。実家からは治療費や洋行費などひとかたならぬ補助を受けていながらも少しも慎むところがなく，妻をだますことは何でもないと申してはたびたび下女にもみだりがましきことをし，そのたびに口だけで詫びを申します。父母在世中はともかく，子もなき自分の行く末を考えますと心細く，そうかといって離縁も外聞悪く，いっそ死のうとさえ思いますが，私を愛してくださる両親のあるうちはと思いとどまって，ひとりもだえ苦しんでおります。」

　「お答え：あなたが弱いから，そういうことになるのです。もっと強くなって，夫の不品行を制裁せねばいけません。これから柔道でも稽古して，夫の首を締める工夫を講じなさいまし。何も離縁したり悲観したりするには及びません。」

☆

　現代なら，どのような答えが得られるでしょうか？

引用文献

第１章

Bowlby, J.（1969）. *Attachment and loss*. Vol.1. *Attachment*. New York: Basic Books.
　（ボウルビィ，J. 黒田 実郎・大羽 蓁・岡田 洋子・黒田 聖一（訳）（1976）. 母子関係の理論 I ――愛着行動―― 岩崎学術出版社）

Freud, S.（1933）. *Neue Folge der Vorlesungen zur Einführung in die Psychoanalyse*. Wien: Internationaler Psychoanalytischer.
　（フロイト，S. 懸田 克躬・高橋 義孝（訳）（1971）. 精神分析入門（続） フロイト著作集 第１巻 人文書院）

Maslow, A. H.（1970）. *Motivation and personality*（2nd ed.）. Harper & Row.
　（マズロー，A. H. 小口 忠彦（監訳）（1971）. 人間性の心理学――モチベーションとパーソナリティ―― 産業能率短期大学出版部）

第２章

萬谷 慎二（2019）. 外務省員の声 第７話 イスラム教徒の結婚その２ 外務省 Retrieved from https://www.mofa.go.jp/mofaj/p_pd/dpr/page22_003062.html

法務省（2019）. 選択的夫婦別氏制度（いわゆる選択的夫婦別姓制度）について 法務省 Retrieved from http://www.moj.go.jp/MINJI/minji36.html

犬飼 直彦（2019）. 婚姻の際に定める夫婦が称する氏について――妻の氏を称する婚姻の割合の都道府県間の差に関する一考察―― ソシオサイエンス，*25*，170-183.

河合 隼雄（1980）. 家族関係を考える 講談社

森岡 清美・望月 嵩（1983）. 新しい家族社会学 培風館

六鹿 桂子（2009）. 一妻多夫婚のメカニズム―妻から見た一妻多夫婚――一妻多夫婚の妻の出身地からの考察―― 日本文化人類学会研究大会発表要旨集（pp.99-99）

岡堂 哲雄（1991）. 家族心理学講義 金子書房

四戸 潤弥（2004）. イスラーム社会の女性の権利と，一夫多妻の検討――４人妻規定と預言者の多妻の理解―― シャリーア研究，*1*，107-143.

第３章

Backman, C. W., & Secord, P. F.（1959）. The effect of perceived liking on interpersonal attraction. *Human Relations, 12*, 379-384.

Berscheid, E., & Walster, E. H.（1978）. *Interpersonal attraction*（2nd ed.）. Addison-Wesley

Byrne, D., & Nelson, D.（1965）. Attraction as a linear function of proportion of positive reinforcements. *Journal of Personality and Social Psychology, 1*（6）, 659-663.

Cacioppo, J.T., Cacioppo, S., Gonzaga, G. C., & Ogburn, E. L.（2013）. Martial satisfaction and break-ups differ across on-line and off-line meeting venues. *Proceedings of the National of Sciences of United States of America, 110*（25）, 10135-40.

Centers, R.（1972）. The completion hypothesis and the compensatory dynamic in intersexual attraction and love. *Journal of Psychology, 82*, 111-126.

趙 彤・水ノ上 智邦（2014）. 雇用形態が男性の結婚に与える影響 人口学研究，*50*，75-89.

電通ダイバーシティ・ラボ（2015）. 電通 LGBT 調査 2015 電通 Retrieved from http://www.dentsu.co.jp/

Festinger, L., Schachter, S., & Back, K.（1950）. *Social pressures in informal groups: A study of a human factors in housing.* Harper.

岩澤 美帆（2007）．晩婚化・非婚化の要因　内閣府経済社会総合研究所　Retrieved from http://www.esri.go.jp/workshop/forum/050620/kicho-iwasawa1.pdf

鎌田 健司（2009）．就業変化や結婚の発生を考慮した結婚意欲の分析　金子 隆一（編）パネル調査（横断調査）のデータマネジメント方策及び分析に関する総合的システムの開発研究（平成 17 年度報告書）

結婚相談所ノッツェ（2018）．古典的なイメージ？お見合いとはどういうもの？ Retrieved from https://www.nozze.com/matchmaker/520/

国立社会保障・人口問題研究所（2015）．第 15 回出生動向基本調査（結婚と出産に関する全国調査）

Levinger, G. K., & Snoek, J. D.（1972）．*Attraction in relationship: A new look at interpersonal attraction.* General Learning Press.

内閣府（2018）．平成 30 年度版　少子化社会対策白書　内閣府　Retrieved from https://www8.cao.go.jp/shoushi/shoushika/whitepaper/measures/w-2018/30webhonpen/index.html

中里 浩明・井上 徹・田中 国夫（1975）．人格類似性と対人魅力——向性と欲求の次元——　心理学研究, *46*, 109–117.

Rubin, Z.（1970）．Measurement of romantic love. *Journal of Personality and Social Psychology*, *16*, 265–273.

酒井 正・樋口 美雄（2005）．フリーターのその後——就業・所得・結婚・出産——　日本労働研究雑誌, *535*, 29–41.

Singh, D.（1993）．Adaptive significance of female physical attractiveness: Role of waist-to-hip ratio. *Journal of Personality and Social Psychology*, *65*, 293–307.

Walster, E., Aronson, V., Abrahams, D., & Rottman, L.（1966）．Importance of physical attractiveness in dating behavior. *Journal of Personality and Social Psychology*, *4*, 508–516.

Winch, R. F.（1955）．*Mate-selection: A study of complementary needs.* Harper.

第 4 章

浜田 寿美男（2012）．子どもが巣立つということ——この時代の難しさのなかで——　ジャパンマシニスト社

市村 美帆（2018）．家族や集団および文化が個人に及ぼす影響　福島 哲（編集責任）公認心理師必携テキスト（pp.245–250）　学研

厚生労働省（2017）．平成 28 年度人口動態統計特殊報告「婚姻に関する統計」の概況　厚生労働省　Retrieved from https://www.mhlw.go.jp/toukei/saikin/hw/jinkou/tokusyu/konin16 /index.html

厚生労働省子ども家庭局家庭福祉課（2018）．里親制度（資料集）

鯨岡 峻（2002）．〈育てられる者〉から〈育てる者〉へ——関係発達の視点から——　NHK 出版

日本財団（2018）．「里親」意向に関する意識・実態調査　日本財団　Retrieved from https://www.nippon-foundation.or.jp/app/uploads/2018/12/new_inf_20180130_03.pdf

野沢 慎司（2008a）．ステップファミリー研究の動向——アメリカからの視点——　家族社会学研究, *20*, 71–76.

野沢 慎司（2008b）．選択的ネットワーク形成と家族変動　家族社会学研究, *20*（1）, 38–44.

野沢 慎司・菊地 真理（2010）．ステップファミリーにおける家族関係の長期的変化——再インタビュー調査からの知見——　明治学院大学社会学部付属研究所年報, *40*, 153–164.

野沢 慎司・菊地 真理（2014）．若年成人継子が語る継親子関係の多様性——ステップファミ

リーにおける継親の役割と継子の適応——　明治学院大学社会学部付属研究所年報，*44*,
　69-87.

小田切 紀子（2017）．再婚家庭と子ども　小田切 紀子・野口 康彦・青木 聡（編著）家族の
　心理——変わる家族の新しいかたち——（pp.71-82）　金剛出版

第5章

Anholt, L., & Anholt, C. (1996). *Sophie and the new baby*. Park Ridge, IL: Albert Whitman.
　（アンホルト，L.（文）・アンホルト，C.（絵）吉上 恭太（訳）（1998）．おねえさんに
　なるひ　徳間書店）

ベネッセ教育研究開発センター（2005）．第3回　幼児の生活アンケート報告書・国内調査
　ベネッセ教育総合研究所　Retrieved from https://berd.benesse.jp/jisedai/research/
　detail1.php?id=3287

陳 玲（2013）．現代日本社会における父子関係——「父」をテーマとしたエッセイ集の分析
　から——　社会学雑誌，*30*，186-203.

土井 隆義（2014）．若者たちの"生きづらさ"の正体　第10回　友だち親子の落とし穴　学
　校教育相談，*28*（1），48-51.

ファザーリングジャパン（2013）．新しいパパの教科書　学研マーケティング

舩橋 惠子・宮本 みち子（編著）（2008）．雇用流動化のなかの家族——企業社会・家族・生
　活保障システム——　ミネルヴァ書房

Gutman, A., & Hallensleben, G. (2001). *La petite sœur de Lisa*. Hachette Book Group USA.
　（グットマン，A.（文）・ハレンスレーベン，G・（絵）石津 ちひろ（訳）（2001）．リサ
　のいもうと　ブロンズ新社）

林 道義（1996）．父性の復権　中央公論社

本間 洋平（1982）．家族ゲーム　集英社

市川（向川）祥子（2010）．きょうだい数・きょうだい構成・出生順位が被服を中心としたお
　しゃれへの関心に及ぼす影響——小中学生を対象とした研究——　繊維製品消費科学，
　51，441-451.

井上 林子（2005）．あたしいいこなの　岩崎書店

柿本 佳美（2010）．家族における個人の自由　京都女子大学現代社会研究，*13*，125-134.

柏木 惠子（2011）．父親になる，父親をする——家族心理学の視点から——　岩波書店

キヨノサチコ（2001）．ノンタンいもうといいな　偕成社

厚生労働省（2008）．保育所保育指針解説書　フレーベル館

厚生労働省（2017）．平成29年　国民生活基礎調査の概況　厚生労働省　Retrieved from
　https://www.mhlw.go.jp/toukei/saikin/hw/k-tyosa/k-tyosa17/index.html

目黒 依子（2007）．家族社会学のパラダイム　勁草書房

信田 さよ子（2008）．母が重くてたまらない——墓守娘の嘆き——　春秋社

小野 洋子（作）・いもと ようこ（絵）（1981）．ぼくはおにいちゃん　偕成出版社

斎藤 学（1996）．アダルト・チルドレンと家族——心のなかの子どもを癒す——　学陽書房

斎藤 環（2008）．母は娘の人生を支配する——なぜ「母殺し」は難しいのか——　NHK出版

城山 三郎（1978）．素直な戦士たち　新潮社

高橋 江梨子（2009）．児童の対人認知と社会的スキルに関する研究——きょうだいのある子
　とひとりっ子の比較を中心に——　創価大学大学院紀要，*31*，215-240.

坪井 敏純（2017）．保育内容「人間関係」における異年齢保育の取扱いと今後の課題　鹿児
　島女子短期大学紀要，*53*，43-52.

山田 昌弘（2004）．家族の個人化　社会学評論，*54*，341-354.

山田 昌弘（2007）．少子化社会日本——もうひとつの格差のゆくえ——　岩波書店

山上 雅子（2018）．子どもが育つということ――身体と関係性の発達臨床―― ミネルヴァ
書房
山登 敬之（2013）．「友だち親子」をどうみるか 児童心理，67，956-960．
ヴィヒャルト 千佳こ（2009）．友だち親子を考える 児童心理，63，342-346．

第6章
土居 健郎（1975）．「甘え」雑考 弘文堂
Eisenberg, N., Fabes, R. A., & Spinrad, T. L.（2006）. Prosocial development. In N. Eisenberg
（Ed.）. *Handbook of child psychology.* Vol.3. *Social, emotional, and personality development*
（6th ed., pp.646-788）. New York: Wiley.
Fairburn, C. G., Welch, S. L., Doll, H. A., Davies, B. A., & O'Connor, M. E.（1997）. Risk factors
for bulimia nervosa: A community-based case-control study. *Archives of General Psychiatry,*
54, 509-517.
法務省（2019）．令和元年版犯罪白書――平成の刑事政策―― 法務省 Retrieved from
http://hakusyo1.moj.go.jp/jp/66/nfm/mokuji.html
五十嵐 哲也・萩原 久子（2004）．中学生の不登校傾向と幼少期の父親および母親への愛着と
の関連 教育心理学研究，52，264-276．
小林 寿一（2003）．我が国の地域社会における非行統制機能について 犯罪社会学研究，28，
39-54．
Kohlberg, L.（1969）. Stages and sequence: The cognitive developmental approach to
socialization. In D. A. Goslin（Ed.）, *Handbook of socialization theory and research*（pp.347-
480）. Chicago, IL: Rand McNally.
（コールバーグ，L. 長野 重史（監訳）（1987）．道徳性の形成――認知発達的アプローチ
―― 新曜社）
Kohlberg, L.（1971）. Stages of moral development as a basis for moral education. In C. M.
Beck, B. S. Crittenden, & E. V. Sullivan（Eds.）, *Moral education: Interdisciplinary*
approaches（pp.23-92）. Toronto: University of Toronto Press.
松井 洋（2003）．親子関係と子どもの道徳性――日本，アメリカ，トルコの中高生の比較――
川村学園女子大学研究紀要，14（1），85-99．
Minuchin, S., Rosman, B., & Baker, L.（1978）. *Psychosomatic families: Anorexia nervosa in*
context. Cambridge: Harvard University Press.
宮田 登（2007）．子ども・老人と性 宮田登日本を語る12 吉川弘文館
文部科学省初等中等教育局児童生徒課（2018）．平成28年度「児童生徒の問題行動・不登校
等生徒指導上の諸課題に関する調査」（確定値）について Retrieved from https://www.
mext.go.jp/component/a_menu/education/detail/__ics Files/afieldfile/2019/01/10/
1412082-28.pdf
森岡 清美・望月 嵩（1983）．新しい家族社会学 培風館
小保方 晶子・無藤 隆（2005）．親子関係・友人関係・セルフコントロールから検討した中学
生の非行傾向行為の規定要因および抑止要因 発達心理学研究，16（3），286-299．
小保方 晶子・無藤 隆（2006）．中学生の非行傾向行為の先行要因――1学期と2学期の縦断
調査から―― 心理学研究，77（5），424-432．
岡田 みゆき（2001）．教育的な意義を含む母子の会話と母親の要因との関連――小学生にお
ける食事中の母子の会話の実態調査から―― 日本家政学会誌，52（4），315-324．
大場 眞理子・安藤 哲也・宮崎 隆穂・川村 則行・濱田 孝・大野 貴子・龍田 直子・苅部 正
巳・近喰 ふじ子・吾郷 晋浩・小牧 元・石川 俊男（2002）．家族環境からみた摂食障害
の危険因子についての予備的研究 心身医学，42（5），315-324．

大河原 美以（2006）．思春期前期の心理特性と親子関係——「よい子」が突然きれる現象に関する試論—— 家裁調査官研究紀要（最高裁判所裁判所職員総合研修所），*3*，1-19.

Piaget, J.（1930）. *Le jugement moral chez l'enfant*. Geneve: Institut J. J. Rousseau.（ピアジェ，J. 大伴 茂（訳）（1977）．児童道徳判断の発達　同文書院）

酒井 厚・菅原 ますみ・眞榮城 和美・菅原 健介・北村 俊則（2002）．中学生の親および親友との信頼関係と学校適応　教育心理学研究，*50*，12-22.

佐藤 カツコ（1976）．親子関係と子どもの社会化　教育社会学研究，*31*，17-28.

Selman, R. L.（1980）. *The growth of interpersonal understanding: Developmental and clinical analyses*. Academic Press.

Selman, R. L.（1995）. 視点の調整と見解の表明——道徳教育における発達と多様性の統合——第2回道徳教育国際会議「21世紀の道徳教育を求めて」発表論文集　モラロジー研究所

Selvini-Palazzoli, M.（1978）. *Self-starvation: From individual to family therapy in the treatment of anorexia nervosa*. New York: Jason Aronson.

渡辺 秀樹（1988）．子どもの社会化　正岡 寛司・望月 嵩（編）現代家族論——社会学からのアプローチ——（pp.76-101）有斐閣

渡辺 秀樹（1992）．家族と社会化研究の展開　教育社会学研究，*50*，49-65.

渡辺 弥生（2000）．道徳性の発達　堀野 緑・濱口 佳和・宮下 一博（編著）子どものパーソナリティと社会性の発達（pp.146-159）北大路書房

第7章

福泉 敦子・大河原 美以（2013）．母からの負情動・身体感覚否定経験が攻撃性に及ぼす影響——家庭内暴力傾向との関係—— 東京学芸大学紀要　総合教育科学系I，*64*，179-188.

Gelles, R. J., & Straus, M. A.（1979）. Determinants of violence in the family: Toward a theoretical integration. In W. R. Burr, R. Hill, F. I. Nye, & I. L. Reiss（Eds.）, *Contemporary theories about the family*（pp.549-581）. New York: Free Press.

法務省（2019）．令和元年版犯罪白書——平成の刑事政策—— 法務省　Retrieved from http://hakusyo1.moj.go.jp/jp/66/nfm/mokuji.htm

警察庁（2019）．平成30年の刑法犯に関する統計資料　警察庁　Retrieved from https://www.npa.go.jp/toukei/seianki/H30/h30keihouhantoukeisiryou.pdf

警察庁生活安全局少年課（2019）．平成30年中における少年の補導及び保護の概況　警察庁　Retrieved from https://www.npa.go.jp/safetylife/syonen/hodouhogo_gaikyou/H30.pdf

Kelly, J. B., & Johnson, M. P.（2008）. Differentiation among types of intimate partner violence: Research update and implications for interventions. *Family Court Review, 46*（3），476-499.

小林 美智子（1994）．児童虐待とその対応について　大阪母子保健研究会（編）子どもなんて大きらい——被虐待児への援助　報告書Part 4——（pp.10-15）せせらぎ出版

厚生労働省（2020）．平成30年度福祉行政報告例の概況　厚生労働省　Retrieved from https://www.mhlw.go.jp/toukei/saikin/hw/gyousei/18/index.html

厚生労働省雇用均等・児童家庭局総務課（2013）．子ども虐待対応の手引き（平成25年8月改正版）厚生労働省　Retrieved from https://www.mhlw.go.jp/seisakunitsuite/bunya/kodomo/kodomo_kosodate/dv/130823-01.html

熊谷 文枝（1980）．家庭内暴力の理論的考察（1）　社会学評論，*31*（2），36-44.

小畑 千晴（2017）．親密関係における暴力の分類——原子価論からのアプローチ—— 徳島文理大学研究紀要，*93*，15-21.

越智 啓太（2013）．ケースで学ぶ犯罪心理学　北大路書房

最高裁判所（2019）．裁判所データブック 2019 裁判所 Retrieved from https://www.courts. go.jp/toukei_siryou/databook2019/index.html

齊藤 万比古（2016）．増補不登校の児童・思春期精神医学 金剛出版

Walker, L. E.（1979）. *The battered woman.* New York: Harper & Row.

第 8 章

Amato, P. R.（2010）. Research on divorce: Continuing trends and new developments. *Journal of Marriage and Family, 72,* 650–666.

Beck, A. T.（1988）. *Love is never enough: How couples can overcome misunderstandings, resolve conflicts, and solve relationship problems through cognitive therapy.* New York: Harper & Row.

Bohannan, P.（1970）. The six stations of divorce. In P. Bohannan（Ed.）, *Divorce and after: An analysis of the emotional and social problems of divorce.* Garden City, NY: Doubleday.

Carter, B., & McGoldrick, M.（Eds.）.（1999）. *The expanded family life cycle: Individual, family and social perspectives.* Boston: Allyn and Bacon.

Dym, B., & Glen, M. L.（1993）. *Couples: Exploring and understanding the cycles of intimate relationships.* UK: Harper Collins.

Framo, J. L.（1992）. *Family-of-origin therapy: An intergenerational approach.* Brunner/Mazel.

Gottman, J. M., & Silver, N.（1999）. *The seven principles for making marriage work: A practical guide from the country's foremost relationship expert.* New York: Brockman.
（ゴットマン，J. M・シルバー，N. 松浦 秀明（訳）（2007）．結婚生活を成功させる七つの原則 第三文明社）

本田 麻季子・遠藤 麻貴子・中釜 洋子（2011）．離婚が子どもと家族に及ぼす影響について――援助実践を視野に入れた文献研究―― 東京大学大学院教育学研究科紀要, *51,* 269–286.

髙坂 康雅・柏木 舞（2017）．親の離婚を経験した子どもが立ち直るまでのプロセス 和光大学現代人間学部紀要, *10,* 113–121.

厚生労働省（2017）．平成 28 年度全国ひとり親世帯等調査結果報告 Retrieved from https://www.mhlw.go.jp/stf/seisakunitsuite/bunya/0000188147.html

厚生労働省（2018）．平成 29 年（2017）人口動態統計（確定数）の概況 厚生労働省 Retrieved from https://www.mhlw.go.jp/toukei/saikin/hw/jinkou/kakutei17/index.html

厚生労働省政策統括官（2018）．平成 30 年我が国の人口動態――平成 28 年までの動向―― 厚生労働省 Retrieved from https://www.mhlw.go.jp/toukei/list/dl/81-1a2.pdf

Middelberg, C. V.（2001）. Projective identification in common couple dances. *Journal of Marital and Family Therapy, 27*（3）, 341–352.

森岡 清美・望月 嵩（1983）．新しい家族社会学 培風館

内閣府（2014）．平成 25 年度 我が国と諸外国の若者の意識に関する調査 内閣府 Retrieved from https://www8.cao.go.jp/youth/kenkyu/thinking/h25/pdf_index.html

野口 康彦（2012）．親の離婚を経験した子どもの精神発達に関する研究――学生と成人を対象にして―― 風間書房

野口 康彦（2017）．離婚・再婚家族のかたちと子どもの育ち *CANDANA, 272,* 2–4.

岡本 祐子（1985）．中年期の自我同一性に関する研究 教育心理学研究, *33,* 295–306.

太田 武男（編）（1970）．現代の離婚問題 有斐閣

リクルートブライダル総研（2017）．離婚に関する調査 2016 リクルート Retrieved from http://bridal-souken.net/data/divorce/divorce2016_release.pdf

最高裁判所（2018）．司法統計 平成 29 年度家事事件編 19 婚姻関係事件数 申立ての動機別申立人別 全家庭裁判所 裁判所 Retrieved from http://www.courts.go.jp/app/files/

toukei/024/010024.pdf

棚瀬 一代（2001）．虐待と離婚の心的外傷　朱鷺書房

山根 常男（1972）．家族の論理　垣内出版

第9章

Aldous, J.（1978）．*Family careers: Deveopmental change in families.* New York: Wiley.

Allen, K. R., & Henderson, A. C.（2017）．*Family theories: Foundations and applications.* UK: Wiley.

浅井 昌弘（1982）．ソンディの運命心理学における家族　加藤 正明・藤縄 昭・小此木 啓吾（編）講座家族精神医学 1　家族精神医学の基礎理論（pp.251-266）　弘文堂

Baker, R. G.（1968）．*Ecological psychology: Concepts and methods for studying the environment of human behavior.* Stanford, CA: Stanford University Press.

Bronfenbrenner, U.（1979）．*The ecology of human development: Experiments by nature and design.* Cambridge, MA: Harvard University Press.

Chemama, R.（1993）．*Dictionnaire de la psychanalyse.* Larousse.
　　（シェママ，R.（編）小出 浩之・加藤 敏・新宮 一成・鈴木 國文・小川 豊昭（訳）（1995）．精神分析事典　弘文堂）

Cooley, C. H.（1902）．*Human nature and the social order.* New York: Schocken.

Durkheim, É.（1893）．*The division of labor in society.* New York: Free Press.

Duvall, E. M.（1957）．*Family development.* Philadelphia: Lippincott.

福島 哲夫（2013）．精神力動アプローチ 1——学問の発展とそれを支えた研究者たち——岩壁 茂・福島 哲夫・伊藤 絵美（著）臨床心理学入門——多彩なアプローチを越境する——　有斐閣

Hill, R.（1949）．*Families under stress: Adjustment to the crises of war separation and reunion.* New York: Harper.

亀口 憲治（2019）．家族心理学とはなにか　日本家族心理学会（編）家族心理学ハンドブック（pp.42-49）　金子書房

河合 隼雄（1982）．分析心理学からみた家族　加藤 正明・藤縄 昭・小此木 啓吾（編）講座家族精神医学 1　家族精神医学の基礎理論（pp.353-372）　弘文堂

McCubbin, H. I., & Patterson, J. M.（1983）．The family stress process: The double ABCX model of adjustment and adaptation. *Marriage and Family Review, 6*（1-2）, 7-37.

Mead, G. H.（1934）．*Mind, self, and society.* Chicago: University of Chicago Press.

Merton, R. K.（1957）．*Social theory and social structure.* New York: Simon & Schuster.

小此木 啓吾（1982a）．精神分析的家族関係論の流れ　加藤 正明・藤縄 昭・小此木 啓吾（編）講座家族精神医学 1　家族精神医学の基礎理論　弘文堂

小此木 啓吾（1982b）．アッカーマンの家族力動　加藤 正明・藤縄 昭・小此木 啓吾（編）講座家族精神医学 1　家族精神医学の基礎理論（pp.295-319）　弘文堂

小此木 啓吾・渡辺 明子（1982）．クライン学派および対象関係論の流れ　加藤 正明・藤縄 昭・小此木 啓吾（編）講座家族精神医学 1　家族精神医学の基礎理論　弘文堂

Parsons, T.（1951）．*The social system.* New York: Free Press.

Patterson, J. M., & Garwick, A. W.（1994）．Levels of meaning in family stress theory. *Family Process, 33*, 287-304.

Sprey, J.（1969）．The family as a system in conflict. *Journal of Marriage and the Family, 31*, 699-706.

牛島 定信（1982）．ウィニコットの理論と家族　加藤 正明・藤縄 昭・小此木 啓吾（編）講

座家族精神医学 1　家族精神医学の基礎理論　弘文堂

渡辺 久子（1982）．リヒターの家族神経症論　加藤 正明・藤縄 昭・小此木 啓吾（編）講座　家族精神医学 1　家族精神医学の基礎理論（pp.321-328）　弘文堂

第 10 章

馬場 禮子（1989）．ロールシャッハ・テストと家族　家族画研究会（編）臨床描画研究　Annex1——家族イメージとその投影——（pp.19-32）　金剛出版

Gehring, T. M. (1985). Socio-psychosomatic dysfunctions: A case study. *Child Psychiatry and Human Development, 15*, 269-280.

八田 武志（1977）．Doll Location Test に関する研究（1）——精神神経症患者への適用例について——　適性研究, *10*, 1-6.

早樫 一男（2016）．対人援助職のためのジェノグラム入門——家族理解と相談援助に役立つツールの活かし方——　中央法規

亀口 憲治（2006）．家族イメージ法（FIT）　氏原 寛・岡堂 哲雄・亀口 憲治・西村 洲衞男・馬場 禮子・松島 恭子（編）心理査定実践ハンドブック（pp.785-787）　創元社

亀口 憲治（2010）．家族心理学特論　改訂新版　放送大学教育振興会

塩見 邦雄（1998）．人間を測定するとはどういうことか　塩見 邦雄（編著）心理検査ハンドブック（pp.1-14）　ナカニシヤ出版

山蔦 圭輔（2018）．アセスメントに有用な情報（生育歴や家族の状況など）とその把握の手法　福島 哲夫（編）公認心理師必携テキスト（pp.296-303）　学研

第 11 章

Bateson, G. (1972). *Steps to an ecology of mind.* Ballentine Books.
　（ベイトソン，G. 佐藤 良明（訳）（1990）．精神の生態学　思案社）

ベネッセ教育研究開発センター（2010）．第 2 回子ども生活実態基本調査——小 4 生〜高 2 生を対象に——　研究所報告 59　Benesse 教育研究開発センター

Bowen, H. J. (1978). *Family therapy in clinical practice.* Aronson.

亀口 憲治（2010）．家族心理学特論　改訂新版　放送大学教育振興会

古宮 昇（2002）．家族における役割という視点を取り入れた摂食障害事例の考察　心理臨床学研究, *19*, 608-618.

Minuchin, S., Montalvo, B., Guerney, B. G. Jr., Rosman, B. L., & Schumer, F. (1967). *Families of the slums: An exploration of their structure and treatment.* Basic Books.

中釜 洋子（2010）．家族療法としての親子面接　臨床心理学, *10*, 854-859.

中村 伸一（2017）．家族療法の基礎　小田切 紀子・野口 康彦・青木 聡（編著）家族の心理——変わる家族の新しいかたち——（pp.173-189）　金剛出版

西村 智代（1999）．家族療法　氏原 寛・小川 捷之・近藤 邦夫・鑪 幹八郎・東山 紘久・村山 正治・山中 康裕（編）カウンセリング辞典（pp.101-103）　ミネルヴァ書房

氏原 寛（1993）．意識の場理論と心理臨床——ユング派的実践をめざして——　誠信書房

若島 孔文（2001）．家族療法の実際——短期療法の文脈から——　臨床心理学, *1*, 447-452.

第 12 章

法務省（2016）．平成 28 年度版犯罪白書——再犯の現状と対策のいま——　法務省　Retrieved from http://hakusyo1.moj.go.jp/jp/63/nfm/mokuji.html

厚生労働省（2014）．平成 25 年国民生活基礎調査の概況　厚生労働省　Retrieved from https://www.mhlw.go.jp/toukei/saikin/hw/k-tyosa/k-tyosa13/dl/16.pdf

厚生労働省（2017）．平成 28 年国民生活基礎調査の概況　厚生労働省　Retrieved from

https://www.mhlw.go.jp/toukei/saikin/hw/k-tyosa/k-tyosa16/dl/16.pdf

厚生労働省（2018a）．平成 29 年（2017）人口動態統計（確定数）の概況　厚生労働省　Retrieved from https://www.mhlw.go.jp/toukei/saikin/hw/jinkou/kakutei17/dl/00_all.pdf

厚生労働省（2018b）．平成 29 年国民生活基礎調査の概況　厚生労働省　Retrieved from https://www.mhlw.go.jp/toukei/saikin/hw/k-tyosa/k-tyosa17/dl/10.pdf

内閣府（2018）．平成 29 年版高齢社会白書　内閣府　Retrieved from https://www8.cao.go.jp/kourei/whitepaper/w-2017/zenbun/29pdf_index.html

上田 智子・上原 英正・加藤 佳子・志木 暎子・伊藤 和子・森 扶由彦・木下 寿恵・藤原 秀子・川角真弓（2010）．孤独死（孤立死）の定義と関連する要因の検証及び思想的考究と今後の課題　名古屋経営短期大学紀要，*51*，109-131.

山中 修（2011）．無縁社会への処方箋──孤独死防止への先駆的取り組み──　病院，*70*（1），50-53.

吉岡 幸子・尾崎 美恵子（2009）．看護職が担う高齢者虐待の対応と予防　実践事例・活動から学ぶ 8　アルコール依存症の介護者への対応を考える　コミュニティケア，*11*（3），64-67.

第 13 章

藤川 洋子（2012）．子の引き渡し事件とハーグ条約──離婚による子どものトラウマをめぐって──　日本児童青年精神医学会機関誌，*53*（2），137-145.

苛原 稔・青野 敏博（2000）．不妊治療後の妊娠の問題点　ペリネイタル・ケア，*19*（7），582-587.

一心寺（2020）．2021 ご納骨「受入れ制限」のお知らせ　一心寺　Retrieved from https://www.isshinji.or.jp/nokotsu_ukeire.html

厚生労働省（2019）．令和元年（2017）人口動態統計（確定数）の概況　厚生労働省　Retrieved from https://www.mhlw.go.jp/toukei/saikin/hw/jinkou/kakutei19/dl/15_all.pdf

公正取引委員会（2017）．葬儀の取引に関する実態調査報告書　公正取引委員会　Retrieved from https://www.jftc.go.jp/houdou/pressrelease/h29/mar/170322_2_files/170322honbun.pdf

毎日新聞（2020）．熊本の「赤ちゃんポスト」──19 年度は 11 人，4 年ぶりに 10 人超える──　毎日新聞　Retrieved from https://mainichi.jp/articles/20200529/k00/00m/040 /18 1000c

NHK 取材班（2018）．なぜ、わが子を棄てるのか──「赤ちゃんポスト」10 年の真実──　NHK 出版

第 14 章

カタログハウス（編）（2002）．大正時代の身の上相談　筑摩書房

読売新聞生活部（2015）．きょうも誰かが悩んでる──「人生案内」100 年分──　中央公論新社

人名索引

事 項 索 引

著者紹介

相谷　登（あいたに　のぼる）　　　　　　　（第1～3, 12, 13章）

1983年　大阪教育大学教育学部（教育心理学専攻）卒業
1985年　大阪教育大学大学院教育学研究科修士課程（学校教育専攻教育心理学）修了
　　　　相愛大学人文学部人間心理学科助教授を経て
現　在　関西福祉科学大学心理科学部教授　公認心理師

主要著書・論文

『よくわかる司法福祉』（分担執筆）（ミネルヴァ書房，2004）

「家族関係の査定に関する研究法の進捗」（共著）（家族心理学年報，31，2013）

「親権者指定における新たな試み」（人間環境学研究，13（1），2014）

「親権者指定に関する諸問題」（総合福祉科学研究，10，2019）

中村　薫（なかむら　かおる）　　　　　　　（第6～9, 14章）

1984年　大阪教育大学教育学部（教育学科心理専攻）卒業
1986年　大阪教育大学大学院教育学研究科修士課程（学校教育専攻教育心理学）修了
　　　　教育学修士
　　　　家庭裁判所調査官を経て
現　在　愛知学院大学心身科学部教授　臨床心理士　公認心理師

主要著書・論文

「孤独感の原因帰属に関する研究——自己の場合と他者の場合」（心理学研究，57（3），1986）

『シンボル配置技法の理論と実際』（分担執筆）（ナカニシヤ出版，2001）

「非行少年の孤独感とDLTにおける人物表象配置の特徴」（心理学研究，82（2），2011）

築地　典絵 （つきじ　のりえ）　　　　　　　（第 4，5，10，11章）

1992 年　大阪教育大学教育学部（小学校教員養成課程教育専攻）卒業
2002 年　京都女子大学大学院文学研究科博士後期課程（教育学専攻）修了
　　　　　博士課程単位取得後退学
現　在　関西福祉科学大学教育学部准教授
　　　　　博士（教育学）　臨床心理士　公認心理師

主 要 著 書

『学校教育の心理学——明日から教壇に立つ人のために』（共著）（北大路書房，1999）

『心理療法を終えるとき——終結をめぐる 21 のヒントと事例』（分担執筆）（北大路書房，2005）

『シンボル配置技法による家族関係認知の研究——Doll Location Test と Family System Test』（風間書房，2007）

ライブラリ 読んでわかる心理学＝14

読んでわかる家族心理学

2021 年 2 月 10 日©　　　　　　　初 版 発 行

著 者	相 谷　　登	発行者	森 平 敏 孝
	中 村　　薫	印刷者	中 澤　　眞
	築 地 典 絵	製本者	小 西 惠 介

発行所　　　株式会社　サイエンス社

〒151-0051　東京都渋谷区千駄ヶ谷 1 丁目 3 番 25 号
営業 TEL　（03）5474-8500（代）　　振替 00170-7-2387
編集 TEL　（03）5474-8700（代）
FAX　　　（03）5474-8900

組版　ケイ・アイ・エス
印刷　㈱シナノ　　　　　　製本　ブックアート
《検印省略》

本書の内容を無断で複写複製することは，著作者および出
版者の権利を侵害することがありますので，その場合には
あらかじめ小社あて許諾をお求め下さい。

サイエンス社のホームページのご案内
https://www.saiensu.co.jp
ご意見・ご要望は
jinbun@saiensu.co.jp　まで.

ISBN978-4-7819-1491-6

PRINTED IN JAPAN

読んでわかる社会心理学

辻川典文・阿部晋吾・神原 歩・田端拓哉 共著

A5判・232頁・本体2,400円（税抜き）

社会心理学は，人間関係，集団活動，家族関係，文化などの中で，私たちが周囲から様々な影響を受けながら，何を感じ，どのように行動しているのかを研究する学問です．本書では，社会心理学の中でも日常生活と関連性の深いトピックを多数紹介し，私たちの心理や社会的行動について説明していきます．また，独習する方のため，読みすすめることで理解できるように配慮されています．

【主要目次】

サイエンス社